Dieter Buck

Erlebnis-Wandern!

Vorarlberg
Mit Kindern unterwegs

Zwischen Bodensee, Bregenzerwald,
Arlberg und Montafon

Tyrolia-Verlag · Innsbruck-Wien

Fein, fein: mit Kindern über Stock-und-Stein!

Unser Land entdecken. Mit Bus und Bahn kommt man überall hin – und wieder zurück.

Fahrplan im Internet!
www.vmobil.at

VERKEHRSVERBUND VORARLBERG

www.saegenvier.at

Vorwort

Liebe Leserin, lieber Leser,

die Freude am Wandern kommt bei Kindern meist nicht von selbst, man muss sie fördern. Dabei sollte man behutsam vorgehen und die Kinder weder mental noch körperlich überfordern. Kinder wollen Spannung und Abwechslung. Lange Strecken auf gleichförmigen Forststraßen sollten nur Ausnahmen sein, die es durch Ablenkung erträglich zu machen gilt. Lange und anstrengende Touren mit vielen Höhenmetern, womöglich ohne Schatten in sengender Sonne auf der Südseite des Berges, scheiden aus. Gefragt sind kürzere Wanderungen, moderate Anstiege und Abwechslung. Längere Strecken sind höchstens auf dem Rückweg tolerabel, wenn es das Kind ohnehin heimzieht. Daher sind auch Touren vorteilhaft, wo der Aufstieg mit einer Bergbahn zurückgelegt werden kann und man zum Ausgangspunkt zurückwandert – zumal es dann auch nur noch bergab geht.
Was man nicht unbedingt braucht, ist schönes Wetter mit strahlendem Sonnenschein. Kinder sind da weniger empfindlich und anspruchsvoll als Erwachsene. Sind der Weg und das, was man unterwegs erlebt, interessant, dann ist es ihnen auch egal, wenn das Wetter trüb ist oder es vielleicht sogar etwas regnet. Allerdings sollte man darauf achten, dass sie nicht frieren, auch wenn sie nass geworden sind. Trockene Kleidung im Auto am Ausgangspunkt ist daher ein guter Tipp.
Die Touren dieses Buches sind bunt gemischt. Es sind Bergtouren dabei, die nur mit größeren Kindern zu machen sind, aber auch kurze Ausflüge, die zu einem Bach oder einem sonstigen interessanten Ziel führen und auch für die kleineren geeignet sind. So findet man für alle Altersgruppen die passende Wanderung.

Viel Spaß und schöne Erlebnisse zusammen mit Ihren Kindern wünscht Ihnen

Dieter Buck

Inhalt

Vorwort 3
Mit Kindern in die Berge 6
Wandern mit allen Sinnen 8

REGION: BODENSEE-VORARLBERG

❶ Walderlebnispfad Möggers 11
Über den Bach wie Tarzan an der Liane

❷ Bergab vom Pfänder 14
Wilde Tiere und eine Burgruine

❸ Durch die Polder zum Badeplatz 18
Wanderung am Bodensee und durchs Ried

❹ Karren und Staufenrundgang 21
Auf einem Höhenweg rund um den Staufen

❺ Durch die wilde Rappenlochschlucht 24
Zwei Schluchten und alte Luxusautos

❻ Zur Ruine Alt-Ems 27
Vorbei an Höhle und Bergsturz

❼ Der Wildpark auf dem Ardetzenberg 30
Der mit dem Wolf tanzt

❽ Über den See zur Burgruine 33
Schwarzer See und Ruine Sigburg

REGION: BREGENZERWALD

❾ Naturwunder und Mutprobe 36
Quelltuffwanderung und Hängebrücke

❿ Rund um den Lecknersee 39
Alpwiesen, so weit man blickt

⓫ Über die Niedere 42
Fernsicht bis zum Bodensee

⓬ Durch den Höhlenpark 45
Bergab zwischen haushohen Felsbrocken

⓭ Sünser See und Blauer See 48
Wo der wilde Sünser Stier haust

⓮ Zur Ugaalpe 52
Bergerlebnis auch für die Kleinen

15 Abwärts vom Diedamskopf zum Wasserfall 55
Alplandschaft und 100 Gipfel

16 Kalbelesee und Körbersee 58
Ruderbootfahrt mit Bergidylle

Region: Alpenregion Bludenz

17 Zur Ruine Blumenegg 61
Vorbei am Thüringer Wasserfall

18 In die Bürser Schlucht 64
Spielmöglichkeiten im Bachbett

19 Der Kesselfall im Brandnertal 67
Tour zum rauschenden Wasserfall

20 Der Lasanggabach mit Wasserfall 70
Wasserspaß für Groß und Klein

21 Bad Rotenbrunnen und Kessanaschlucht 72
Ehemaliges Kurbad und wilde Bäche

Region: Montafon

22 Fritzensee – Faulensee – Torasee 76
Drei Seen und ein Bergwerk

23 Durchs Silbertal 80
Ein Hochmoor und viele Wasserfälle

24 Zur Lindauer Hütte 84
Gemütliche Hangwanderung zum Alpengarten

25 Der Balbierfall 87
Spielen und grillen am Wasserfall

26 Zum Gafierjoch 90
Schneeballschlacht im Sommer

27 Um den Silvretta-Stausee 94
Strandleben auf über 2000 Meter Höhe

Region: Arlberg

28 Zum Steinernen Meer 96
Vom Formarinsee zum Felslabyrinth

29 Gipslöcher und Walserweg 101
Mondlandschaft und Alpen

30 Über den Rüfikopf zum Monzabonsee 107
Murmeltiere, Kälbchen und Jausenfels

Mit Kindern in die Berge

- Besonders schön ist es in den Bergen mit Kindern und für Kinder. Damit es auch ein bleibend schönes Erlebnis wird, sollte man Folgendes beachten:
- Der Weg ist Spielplatz! Tiere, Blumen, Wurzeln und Steine sind Spielzeug. Daher besonders an gefährlichen Stellen auf die Kinder aufpassen!
- Die Weglänge auf die Kinder einstellen (2 bis 4 Stunden, mehr Abstieg als Aufstieg). Besonders schön ist es für Kinder, mit der Bahn hochzufahren und „nur" noch absteigen zu müssen. Auf dem Sessellift auf den Schoß nehmen und gut festhalten!
- Ist das Kind gerade im Stolperalter, ist besondere Vorsicht geboten. Nehmen Sie es gegebenenfalls an eine Reepschnur oder ein Seil.
- Machen Sie häufig Pausen und bieten Sie Essen und Trinken an. Man kann auch die Lieblingsleckerei bzw. das Lieblingsessen als Belohnung mitnehmen.
- Nehmen Sie genügend zum Trinken mit, damit kein Durst aufkommt. An heißen Sommertagen bei einer mehrstündigen Tour mit Aufstieg ist ein Liter zu wenig! Außerdem sollte das Getränk nicht zu süß sein, säuerlich ist besser (zum Beispiel einen Schuss Grapefruitsaft in einen mit Wasser gespritzten Apfelsaft).
- Sonnenschutz ist unbedingt erforderlich: Kopfbedeckung, Sonnencreme und gegebenenfalls eine gute Sonnenbrille.
- Kommt man unterwegs an Wasser – Bächen, Tümpeln, Seen – vorbei, ist dies für Kinder besonders interessant. Dann muss aber auch Pause gemacht werden! Am besten nimmt man Ersatzkleidung im Rucksack mit.
- Eine kleine Erste-Hilfe-Ausrüstung, zumindest ein paar Pflaster, sollte immer dabei sein.
- Sehr wichtig sind auch gute Schuhe mit griffiger Profilsohle, die ausreichend Halt geben und nicht zu klein sein dürfen!
- Wichtig für Kinder ist ein eigener Rucksack. Hier kann das Kind außer der eigenen Trinkflasche noch Dinge einpacken, die ihm wichtig sind, zum Beispiel ein Stofftier oder

Unterwegs zum Gafierjoch (Route 26)

eine Puppe. Man sollte aber darauf achten, dass das Kind die Sachen auch selbst (bis zum Schluss!) tragen kann.
✿ Ein Bestimmungsbuch für Pflanzen und Tiere kann oft gute Dienste leisten und für willkommene Abwechslung sorgen.

Wandern mit allen Sinnen

Sehen
Was sieht man alles an kleinen Dingen: Blätter, Beeren, Tiere (Käfer, Ameisen, Schnecken, Wassertiere in Pfützen), Wasser … Die Tiere beobachten, ihren Weg verfolgen (aber nicht quälen oder ärgern). Wer entdeckt am meisten?

Riechen
Was riecht man alles? Wie riecht es? Feuchte Erde, Laub nach Regen, Blumen, Nadelbäume, Gras … An was erinnert der Duft? Wem fallen die meisten ähnlichen Düfte ein?

Hören
Hört mal! Was kann man alles hören, wenn man ganz ruhig ist? Vogelstimmen (wer weiß, welche Vögel das sind?), Blätterrauschen, Froschgequake, Grillengezirpe, Gespräche, Glockenläuten oder Verkehrslärm aus dem Tal, Rascheln von Mäusen oder Käfern, Murmeltierpfiffe …

Tasten
Schließt die Augen und fühlt die Oberfläche verschiedener Bäume. Tastet Steine ab oder die Oberfläche eines Blattes, Erde, Sand …

Schmecken
Versucht, ganz bewusst den Geschmack des Essens unterwegs zu erfahren: Wie schmecken das Brot, die Wurst oder der Apfel? Vielleicht findet ihr Beeren, Bucheckern oder Ähnliches. Was ist sauer, süß, fruchtig, nussig, trocken, feucht …?

Raten
Versucht mit verbundenen Augen einen Gegenstand zu erraten. Um es einfacher zu machen, darf man ihn abtasten. Schwieriger wird es, wenn man ihn nur durch Fragen erraten darf. Anstatt die Augen zu verbinden, kann man den Gegenstand auch in einen Rucksack geben und ihn dort abtasten. Auch beim Wandern kann man ein Ratespiel

machen: Jemand denkt sich z. B. ein Tier, einen Gegenstand oder eine Person aus und die anderen müssen es erraten. Dann kommt der Nächste dran.

Sammeln
Nehmt (kleine) Dinge mit, die ihr gefunden habt, um daraus ein Bild oder gar ein Urlaubstagebuch zu gestalten: Blätter, Ästchen, Steinchen, verschiedene Gräser, Federn, verschiedenfarbige Erde …

„Werkzeug" mitnehmen
Schaut, dass ihr immer etwas dabei habt, um damit zu basteln. Ein Taschenmesser haben vermutlich die Eltern im Rucksack. Aber auch Schnur, etwas Draht, einen kleinen Block, Bleistifte, Buntstifte und Ähnliches kann man immer gebrauchen. Nehmt für die Dinge, die ihr sammelt, Plastiktüten oder kleine Schachteln mit.

Spielzeug mitnehmen
Die Lieblingspuppe oder das Lieblingsstofftier habt ihr vielleicht ohnehin im Rucksack. Aber nehmt auch kleine

Blumenwiese in Schoppernau (© Au-Schoppernau Tourismus)

Spielfiguren mit (zum Beispiel von Lego oder Playmobil). Es gibt überall Gelegenheit, mit ihnen Abenteuer zu erleben. Man kann für sie kleine Häuschen bauen, sie im Bach schwimmen lassen oder ihnen Rindenboote schnitzen.

Geschichten erfinden

Lasst ihr euch gerne Geschichten erzählen? Bestimmt. Aber erfindet doch selbst eine! Jeder, der mitwandert, darf seinen Beitrag dazu leisten. Zum Beispiel die Geschichte von einem Kind, das durch den Wald oder in den Bergen wandert. Was erlebt dieses Kind für Abenteuer mit Zwergen, Tieren oder Ungeheuern? Beziht das, was ihr unterwegs seht, mit ein: Hütten, Bäume, Felsen, Tiere.

Balancieren

Versucht das Gleichgewicht zu halten, eventuell mit Unterstützung der Eltern. Balanciert auf großen Ästen, einem Baumstamm (nicht einem Stoß von Baumstämmen!), Steinen und Felsbrocken oder hüpft auf einem Bein.

Pfadfinder spielen

Lasst euch von den Eltern die Landkarte geben. Findet ihr den Punkt auf der Karte, wo ihr gerade seid? Könnt ihr die Umgebung bestimmen? Sieht man auf der Karte die Gipfel, die man im Umkreis entdeckt, die nächste Kurve, die nächste Wegkreuzung, den nächsten Fels, die Hütten unterwegs? Versucht, mit Hilfe der Karte den Weg zu finden. Lasst aber auch die Eltern unterwegs ab und zu in die Karte schauen. Sie sind schließlich auch neugierig!

Walderlebnispfad Möggers

Über den Bach wie Tarzan an der Liane

Tour 1

Bodensee-Vorarlberg

Rucksteig	Walderlebnispfad	Rucksteig	2 Std.
			↗ 250 Hm
	1 Std.	1 Std.	↘ 250 Hm
	↘ 250 Hm	↗ 250 Hm	

Charakter: Der Walderlebnispfad führt über Naturwege, die bei Feuchtigkeit – und im tiefen Wald und um die Wasserfälle herum ist es wohl immer feucht – auch rutschig sein können. Auf dem Rückweg wandern wir auf befestigten Wegen.
Zeit: 2 Std.
Höhenunterschied: etwa 250 Hm, Abkürzung etwa 40 Hm weniger
Ausgangspunkt: Möggers-Rucksteig, Parkplatz am Beginn des Erlebnispfades
Anfahrt: Von Bregenz kommend verlässt man an der Nordausfahrt des Pfändertunnels die Autobahn und fährt über Hörbranz bis kurz vor Hohenweiler, hier biegt man nach rechts ab nach Möggers. In Möggers-Rucksteig wird man nach links zum Walderlebnispfad verwiesen.
Öffentliche Verkehrsmittel: mit der Linie 12 nach Möggers-Rucksteig
Auskünfte: Möggers Tourismus, Tel. 05574/43443
Einkehrmöglichkeit: Rucksteig

Lehrpfade gibt es viele, aber so einen interessanten und abenteuerreichen wie den in Möggers wird man wohl so schnell nicht mehr finden. Sowohl Kindern als auch Erwachsenen wird der Pfad Spaß machen. So kann man beispielsweise seinen Mut bei verschiedenen Überquerungsarten über den Bach beweisen oder hinter einem Wasserfall hindurchgehen.

Wegverlauf

Vom Parkplatz aus spazieren wir zum Schönsteinhof, wo der Erlebnispfad beginnt. Hier gibt es einen kleinen Teich, ein Gelände mit Schweinen und rechter Hand auch ein Übungsgelände für Motocrossfahrer. Wir folgen dem befestigten Weg und biegen nach fünf Minuten auf den nach rechts abzweigenden Schotterweg ab. Er führt uns in Richtung „Weienried" abwärts in den Wald, wo wir auch schon die erste Station finden. Danach geht es steil bergab. Man überquert eine wackelige Hängebrücke, danach eine kombinierte Balken-/

Drahtseilbrücke und kommt zu einem Platz über den Wasserfällen.

Nun hat man die Möglichkeit, die Route zu erweitern. Hier zweigt der empfehlenswerte, rund halbstündige „Inspirations-Rundweg" ab. Er führt uns durch den Sägetobel und bietet verschiedene abenteuerliche Momente. Zuerst geht es hinab zu den beiden Wasserfällen, wo man hinter dem zweiten Wasserfall hindurchgeht. Danach kann man den Bach auf einem Tarzanseil überqueren, dann die steile Erdwand mittels eines Seils erklimmen, ein weiteres Mal überquert man den Bach wie ein Seiltänzer nur auf einem Balken und ein letztes Mal auf einem Drahtseil. Wem das alles zu abenteuerlich ist, der kann die Bäche aber auch ganz „konventionell" überqueren bzw. auf einer Treppe anstatt am Seil den Hügel erklimmen. Gegen Ende dieses Abenteuerweges laden ein paar Sitzplätze und ein hölzernes Märchenbuch zu einer Pause ein, an der Abzweigung gibt es auch Hängematten.

Der Walderlebnispfad führt weiter zu den nächsten Stationen, die vielerlei Spielmöglichkeiten bieten. Nach der letzten Station verlassen wir den Wald, spazieren durch die Wiesen zu der Ansiedlung Buchans und durchqueren sie in Richtung

Weienried, das wir auf dem Sträßchen in einer Viertelstunde erreichen. Hier stoßen wir auf die Landstraße, der wir nach rechts folgen. Nach fünf Minuten sind wir an einer Straßengabelung beim Gemeindeamt. Wer gleich zurück will, wandert hier geradeaus an der Straße entlang nach Rucksteig und auf bekanntem Weg zum Parkplatz.

Um die Route noch etwas zu erweitern, gehen wir an der Verzweigung der Straße nach links. Beim nächsten Haus halten wir uns in Richtung „Stadels Ausblick" nach rechts in den Wald. Wir folgen immer der Wanderwegmarkierung, bis wir nach zehn Minuten den Wald verlassen und auf dem Wiesenweg zu dem großen Feldkreuz gehen. Von hier aus hat man einen prächtigen Blick über die Landschaft und ins benachbarte Westallgäu. Danach durchqueren wir die Ansiedlung Stadels. Am Abzweig nach dem ersten Haus behalten wir noch unsere Richtung („Rucksteig") bei, gleich danach vor dem zweiten Hof biegen wir nach rechts ab. Es geht nun in einigen Windungen hinab zur Landstraße. Wir halten uns links und biegen nach fünf Minuten nach rechts ab zum Ausgangspunkt.

Hinter dem zweiten Wasserfall führt der Weg weiter und das Wasser rauscht wie ein Vorhang herunter.

Tour 2: Bergab vom Pfänder

Wilde Tiere und eine Burgruine

```
Pfänder          Gebhardsberg      Bregenz Talstation    2 Std.
                                                         ↘ 660 Hm
          1 Std.              1 Std.
          ↘ 470 Hm            ↘ 190 Hm
```

Charakter: leichte Bergabwanderung
Zeit: 2 Std. (ohne Stadtbesichtigung)
Höhenunterschied: etwa 660 Hm abwärts
Ausgangspunkt: Bregenz, Bergstation der Pfänderbahn
Anfahrt: In Bregenz der Beschilderung zur Pfänderbahn folgen. Man parkt auf den gebührenpflichtigen Parkplätzen in der Nähe.

Öffentliche Verkehrsmittel: Bahn- und Busstation Bregenz Hafen, von dort in 10 Minuten zu Fuß zur Talstation
Auskünfte: Bregenz Tourismus, Tel. 05574/49590; Pfänderbahn, Tel. 05574/42160
Einkehrmöglichkeiten: Pfänder, Gebhardsberg, Bregenz
Sonstiges: großer Spielplatz hinter der Bergstation der Pfänderbahn

Der Pfänder ist ein herrlicher Aussichtsbalkon über dem Bodensee – 200 Gipfel soll man von hier oben sehen! Für Kinder ist die Fahrt mit der Kabinenbahn, vor allem aber der Besuch der Adlerwarte und des Alpenwildparks bei der Bergstation ein Erlebnis. Bei der Bergabwanderung kommt man an der Burgruine auf dem Gebhardsberg vorbei. Bei einem abschließenden Bummel durch die Bregenzer Oberstadt kann man an den alten Häusern viele interessante Details entdecken, etwa einen mumifizierten Haifisch.

Wegverlauf

Von der Bergstation sind es nur wenige Minuten auf den Gipfel des Pfänders (1062 m). Für Kinder interessant sind die Flugvorführungen der Adlerwarte mit den Raubvögeln und ein Spaziergang durch den Alpenwildpark. Eine halbe Stunde sollte man für den Besuch mindestens einkalkulieren.

Die Bergabwanderung führt uns bei der Bergstation nach rechts in Richtung „Fluh, Gebhardsberg." Wir spazieren hinab zum Gasthaus Pfänderdohle, dann wandern wir auf dem geschotterten Weg geradeaus weiter und kommen gleich danach in den Wald. Unterwegs haben wir immer wieder schöne Blicke ins Rheintal, auf die Vorarlberger und die Schweizer Bergwelt sowie zum Bodensee. Wir kommen am Walserstadl vorbei, wo wir nach links abbiegen und hinab zur Fluh kommen. Hier halten wir uns rechts. Kurz nach dem letzten, einzeln stehenden Haus nehmen wir den links abgehenden Weg in Richtung „Känzele, Gebhardsberg", bis wir auf den Känzeleweg kommen und nach rechts abzweigen. Nun wandern wir direkt am Steilabbruch des Känzeles (Kanzelfelsen) zur Ruine der ehemaligen Burg Hohenbregenz auf dem Gebhardsberg.

Vom Parkplatz steigen wir auf dem Waldlehrpfad hinab in Richtung „Fluhstraße Bregenz". Nach wenigen Minuten halten wir uns an einer Verzweigung links in Richtung „Schlossbergstraße". Wir

Gebhardsberg

In der Burg Hohenbregenz soll der Sage nach der hl. Gebhard geboren sein. Sie steht auf einer steil ins Rheintal abbrechenden Felsnase. Gegen Ende des Dreißigjährigen Krieges (1618–1648) wurde die Burg den Schweden kampflos überlassen, welche sie schließlich sprengten.

Die Flugvorführungen der Adlerwarte sind ein eindrucksvolles Erlebnis.

kommen hinab zur Landstraße und zum Kriegerdenkmal, nun wandern wir nach rechts im Wald weiter. Wenige Minuten danach erreichen wir die ersten Häuser (rechts oben liegt das jetzt als Internat dienende Kloster Marienberg). An der nächsten Querstraße knickt die Schlossbergstraße nach rechts ab, danach erreichen wir die sehenswerte Rokokokirche St. Gallus aus dem 18. Jahrhundert.

Am Kirchturm halten wir uns links, überqueren die Brücke und gehen danach nach links hinunter zur Straße. Auf ihr geht es nach links unter der Brücke hindurch bis zur Thalbachgasse. Wir überqueren sie in Richtung „Oberstadt", dahinter halten wir uns aber nicht in die nach rechts hinaufziehende Amtstorstraße, sondern steigen links auf der Meißnerstiege hoch bis zur Georgenschildstraße. Nun sind wir in der historischen und ummauerten Bregenzer Oberstadt. Ein Bummel durch die ruhigen Gassen mit den alten Häusern mit ihrem Altstadtcharme, mit alten Wappen und Toren wird auch den Kindern gefallen. Wir folgen der Georgenschildstraße nach rechts bis zum Amtsplatz, dann gehen wir in der Eponastraße nach links hinab zum Ehregutaplatz.

Am alten Stadttor sieht man das schwarz-weiße Wappen der Grafen von Bregenz mit den drei Hermelinschwänzchen in der Mitte. Das rote Wappen der Grafen von Montfort ist das Landeswappen von Vorarlberg. Kinder interessiert sicherlich mehr der mumifizierte Haifisch im Torbogen. Er ist ein Fetisch, der alles Böse von der Stadt fern halten sollte.

Ehre die Guta!

Der seltsame Satz bezieht sich auf eine sagenhafte Retterin der Stadt. Während der Appenzeller Kriege (1403–1408) soll nämlich eine Bettlerin die Anführer der feindlichen Bauern belauscht haben, als sie einen Angriff auf die Stadt planten. Daraufhin eilte sie nachts trotz eisiger Kälte nach Bregenz und warnte die Bewohner gerade noch rechtzeitig. Zum Gedenken an die Retterin kündigten fortan die Nachtwächter in Bregenz die neunte Abendstunde mit dem Ruf „Ehre die Guta!" an. Bis ins 19. Jahrhundert hinein lebte dieser Brauch fort.

Wir gehen rechts vom Tor durch die Martinsgasse zum Martinsturm, dem Wahrzeichen der Stadt. Danach spazieren wir über den Stadtsteig und die Maurachgasse hinunter, biegen nach rechts in die Belruptstraße ab und gelangen so zurück zur Talstation.

Wie ein Meer liegt der Bodensee zu Füßen des Pfänders.

Tour 3

Durch die Polder zum Badeplatz
Wanderung am Bodensee und durchs Ried

Gaißau	Rohrspitz	Gaißau	3 Std.
1½ Std. →	1½ Std. →		↗ 0 Hm ↘ 0 Hm

Charakter: gemütliche Wanderung auf guten Feldwegen entlang des Bodenseeufers. Auch ideal geeignet für eine Radtour mit Kindern! Kann ganzjährig unternommen werden.
Zeit: 3 Std.
Höhenunterschied: keiner
Ausgangspunkt: Gaißau, Parkplatz vor dem zum Naturschutzgebiet Rheindelta gehörenden Waldstück Rheinholz
Anfahrt: Von Bregenz aus fährt man über Hard und Höchst nach Gaißau. In Gaißau zweigt man westlich der Kirche in die Kirchstraße ein und fährt immer geradeaus bis zum letzten Parkplatz im Wald.
Auskünfte: Verkehrsverein Höchst-Fußach-Gaißau, Tel. 05578/790738; Naturschutzstation „Rheindeltahaus", Tel. 05578/74478
Einkehrmöglichkeit: Campingplatz am Rohrspitz

Diese Wanderung führt uns durch die abwechslungsreichen Landschaften des Gaißauer Rieds im Naturschutzgebiet Rheindelta. Entlang des Sees verläuft der Weg auf einem Damm, wo man an interessanten Häfen und Bootsanlegestellen mit Schiffen und zwei Pumpwerken vorbeikommt. Am Rohrspitz verlocken schöne Naturbadeplätze zu einer Badepause. Besonders empfehlenswert ist diese Wanderung im Mai, wenn in den Wiesen die blauen und gelben Sumpfschwertlilien blühen. Das Rheindelta ist vor allem im Frühling und Herbst Rastplatz für viele Wasservögel. Wer sie beobachten möchte, kann ein Fernglas mitnehmen.

Wegverlauf

Vom Parkplatz führt der Weg nach rechts durch den Wald. Wir kommen zum Damm, dem wir nun immer nach Osten folgen. Links liegt der Bodensee, zu dem man über die Schilfflächen immer einen schönen Blick hat. Der Weg führt am Hafen Gaißau, einer kleinen Bootsanlegestelle und dem Hafen Höchst vorbei. Zweimal kommt man auch an Pumpwerken vorbei.

Wir wandern bis zum Campingplatz, an dessen Ende wir nach links zum Rohrspitz hinauskommen. Hier gibt es zahlreiche Naturbadeplätze.

Dann kehren wir zurück zum Anfang des Campingplatzes und folgen dem Weg nach Süden. Vorbei an einigen Höfen gelangt man zu einer Straßenverzweigung, wo wir dem Radwegschild folgend nach rechts abbiegen. Hinter dem Waldstück halten wir uns rechts, kurz danach erneut rechts. Unser Weg biegt schließlich nach links ab und führt uns zum Alten Rhein. Hier gelangen wir nach rechts zum Ausgangspunkt zurück.

In einem Hafen mit Segelbooten gibt es für Kinder immer etwas zu entdecken.

Um die Route zu erweitern, kann man noch nordwärts durch das Rheinholz mit seinen schönen Wald- und Weideflächen wandern. Hin und zurück sind es bis zum Ende etwa drei Kilometer, also 45 bis 60 Minuten, je nachdem, wie weit man geht.

Polderlandschaft

Der Weg zum Rohrspitz führt auf einem Damm durch eine Polderlandschaft, wie man sie eigentlich eher in Holland vermuten würde. Der Grund ist derselbe: Man errichtete den Damm, um die dahinterliegenden Wiesen einzudeichen und die Orte vor Hochwasser zu schützen. Um die Wiesen vom Hochwasser, das früher bei hohem Wasserstand im See im Sommer ständig auftrat, zu entwässern, baute man die Pumpwerke. Dadurch ist der Wasserspiegel heute landseitig meist niedriger als seeseitig.

Karren und Staufenrundgang
Auf einem Höhenweg rund um den Staufen

Tour 4

Bodensee-Vorarlberg

Bergstation	Ghf. Kühberg	Ghf. Schuttannen	Ghf. Kühberg	Bergstation	2½ Std.
¼ Std.	1 Std.	1 Std.	¼ Std.		↗ 350 Hm
↘ 50 Hm	↗ 300 Hm	↘ 300 Hm	↗ 50 Hm		↘ 350 Hm

Charakter: Der Staufenrundgang verläuft auf guten Wegen und Pfaden.
Zeit: 2½ Std.
Höhenunterschied: etwa 350 Hm
Ausgangspunkt: Dornbirn, Bergstation der Karrenseilbahn
Anfahrt: Autobahn bis Ausfahrt Dornbirn-Süd, der Weg zur Karrenseilbahn ist gut beschildert. Parkplätze bei der Talstation.
Öffentliche Verkehrsmittel: mit der Linie 47 nach Dornbirn-Karrenseilbahn
Auskünfte: Tourismus Dornbirn, Tel. 05572/22188; Karrenseilbahn, Tel. 05572/22140
Einkehrmöglichkeiten: Karren Bergstation, Gasthof Kühberg, Gasthof Schuttannen, Staufenalpe
Sonstiges: In unmittelbarer Nähe der Talstation befindet sich das Waldbad Enz.

> Diese Wanderung eignet sich für Groß und Klein. Sie ist so kurz, dass sie auch von kleineren Kindern gut bewältigt werden kann. Durch die Strecke durch Wald und über Weiden, dazu ab und zu mit Aussicht, ist sie auch recht kurzweilig. Für „Unterhaltung" sorgt auch das Weidevieh, dem man unterwegs begegnet. Außerdem gibt es genügend Einkehrmöglichkeiten, bei denen man Kinder mit einer Leckerei belohnen kann. Von der Talstation hat man einen herrlichen Blick ins Tal und zum Bodensee.

Wegverlauf

Wir orientieren uns immer an der Beschilderung „Staufenrundgang". Nach zehn Minuten steilem Bergab sind wir an einer Verzweigung angelangt. Hier biegen wir in Richtung „Schuttannen" nach rechts ab, kommen am Gasthof Kühberg vorbei und steigen aufwärts.

Nach zehn Minuten gehen wir an einer Verzweigung geradeaus weiter – hier kommen wir später von links zurück. Nach fünf Minuten fällt der Weg, weitere fünf Minuten später halten wir uns an einer Verzweigung links. Nun steigt es wieder an, dann geht der breite Weg nach zwei Minuten in einen Pfad

Rheintal und Bodensee

Während der Eiszeit (von etwa 115.000 bis 10.000 Jahren vor heute) war das ganze Rheintal mit einem 1200 Meter hohen Gletscher bedeckt, der die heutige Landschaft im Wesentlichen schuf. Auf seinem Vorstoß hobelte er das Tal aus und schürfte das Bett des Bodensees aus. Berge, die höher als der Gletscher waren, ragten damals wie Inseln aus dem Eisstrom heraus.

Der Bodensee ist der drittgrößte See Mitteleuropas (nur der Plattensee und der Genfersee sind größer). Seinen Namen bekam er vom Dorf Bodman am Westende des Sees. Umgangssprachlich spricht man in Süddeutschland aufgrund der Größe des Bodensees auch vom Schwäbischen Meer.

62 Prozent seines 273 km langen Ufers gehören zu Deutschland (Baden-Württemberg 155 km, Bayern 18 km), 27 Prozent bzw. 72 km sind schweizerisch und 11 Prozent bzw. 28 km österreichisch.

Im Winter gefriert der See eigentlich nie zu, seit dem Jahr 875 passierte dies nur 32 Mal. Die letzte „Seegfrörne" war 1963.

Schon kurz nach Beginn lockt die erste Einkehrstation.

über. Nach zehn Minuten verlassen wir den Wald und spazieren über eine weite Weidelandschaft zum bereits sichtbaren Gasthaus Schuttannen.
Vor dem Gasthaus biegen wir nach links ab in Richtung „Staufenalpe". Wir wandern zuerst zwanzig Minuten auf einem breiten Güterweg, der uns teilweise nach rechts schöne Blicke zum kreuzgekrönten Massiv des Bocksberges bietet. Dann geht er in einen Pfad über, fällt ab und bringt uns nach dem Wald durch Weiden zur Staufenalpe. Nach der Alpe liegt rechts eine kleine Kapelle, nun kommen wir in den Wald und gehen steil bergab. Nach drei Minuten müssen wir uns an der Verzweigung entscheiden.
Wer zurück zur Bergstation will, braucht hierfür etwa eine halbe Stunde. Wir halten uns dazu links in den erst breiten Weg. Er geht in einen Pfad über und bringt uns in rund einer Viertelstunde zu einem Querweg, in den wir nach rechts abbiegen. Ab nun kennen wir den Rückweg. Wir marschieren in zehn Minuten hinab zum Gasthof Kühberg, dann in weiteren zehn Minuten hinauf zur Bergstation.
Wer will, kann jedoch auch hinab ins Tal wandern. Wir gehen hierzu an der oben erwähnten Verzweigung nach rechts hinab. Dabei orientieren wir uns immer an den reichlich angebrachten Beschilderungen „Mühlebach, Talstation" und kommen nach rund einer Stunde zur Talstation.

Tour 5

Durch die wilde Rappenlochschlucht
Zwei Schluchten und alte Luxusautos

Parkplatz Gütle	Rappenlochschlucht/Alploch	Parkplatz Gütle	2 Std.
	1 Std.	1 Std.	↗ 150 Hm
	↗ 150 Hm	↘ 150 Hm	↘ 150 Hm

Charakter: Durch die Rappenlochschlucht geht man auf gepflegten Pfaden.
Zeit: 2 Std.
Höhenunterschied: etwa 150 Hm
Ausgangspunkt: Gütle, Parkplatz am Eingang der Rappenlochschlucht
Anfahrt: Autobahn bis Ausfahrt Dornbirn-Süd, der Weg ins Gütle (Rolls-Royce-Museum) ist gut beschildert.
Öffentliche Verkehrsmittel: mit der Linie 47 nach Dornbirn-Ebniter Straße. Wer bis zur Haltestelle Alplochschlucht fährt, kann von dort durch die Rappenlochschlucht zurückwandern.
Auskünfte: Tourismusbüro Dornbirn, Tel. 05572/22188; Rolls-Royce-Museum, www. rolls-royce-museum.at, Tel. 05572/52652, Krippenmuseum, www.krippenmuseum-dornbirn.at, Tel. 05572/200632
Einkehrmöglichkeiten: Gütle, am Eingang der Rappenlochschlucht, Kiosk am Staufensee
Sonstiges: Die Rappenlochschlucht ist im Winter gesperrt. Das Krippenmuseum und das Rolls-Royce-Museum sind montags geschlossen.

Die Rappenlochschlucht zählt zu den beliebtesten Ausflugszielen Vorarlbergs.

Die wilde Rappenlochschlucht ist eine der schönsten Natursehenswürdigkeiten des Landes und wird entsprechend häufig besucht. An der engsten Stelle hat sich die Schlucht 62 Meter tief in das Gestein eingesägt. Interessant sind auch die Druckrohrleitungen, die das Wasser aus dem künstlich angelegten Staufensee einst zwecks Energiegewinnung ins Tal beförderten. Den Kindern werden aber auch die filigranen, silbrigen und bunten Metallskulpturen auffallen, die den Namen „Oberwasser-Aquarium" tragen. Am Ende des Staufensees liegt das malerische Alploch mit einem 102 m hohen Wasserfall. Zurück am Ausgangspunkt kann man noch das Krippenmuseum und das Rolls-Royce-Museum besuchen.

Wegverlauf

Vom Parkplatz aus folgen wir der Verlängerung der Straße und gehen auf dem ausgeschilderten Weg zur Rappenlochschlucht. Nach zehn Minuten sind wir am Schluchteingang. Nun marschieren wir in rund einer Viertelstunde zum eindrucksvollsten Teil der Schlucht, wo die haushohen Wände fast zusammenstoßen und der Weg steil ansteigt. Auch das Wegstück durch die dunkle Tunnelröhre wird die Kinder beeindrucken! In einer weiteren Viertelstunde sind wir am Staufensee. Wir spazieren an ihm entlang und sind in zehn Minuten beim Kraftwerk Ebensand. Der Innenraum des im damals beliebten Schweizerhaus-Stil errichteten Gebäudes kann durch eine Glasscheibe besichtigt werden. Die alten, aus genietetem Eisenblech gefertigten Rohrleitungen sind heute ein historisches Schaustück. Bei Beschädigungen durch Steinschlag oder Rost wurden die Löcher einfach durch Aufnieten von Flicken repariert.

Wenige hundert Meter nach dem Kraftwerk kommen wir zur Alplochschlucht, eine enge, düstere Klamm. Man begeht sie auf von Wand zu

Alploch

In den Wänden des Alplochs findet man versteinerte Muscheln. Sie beweisen, dass der harte Kalkstein der Schlucht früher der schlammige Grund eines Meeres war, in den die abgestorbenen Teile der Meeresbewohner versanken.

Wand reichenden Stegen, die auf Traversen liegen. Die Schlucht ist teilweise kaum breiter als der Steg, der hindurchführt!
Danach gehen wir denselben Weg zurück ins Gütle. Hier kann man noch das Krippenmuseum oder das Rolls-Royce-Museum besuchen.

Das größte Rolls-Royce-Museum der Welt wird nicht nur Väter und Söhne begeistern.

Zur Ruine Alt-Ems
Vorbei an Höhle und Bergsturz

Tour 6

Bodensee-Vorarlberg

Hohenems	Ruine Alt-Ems	Reute	Oberklien	Hohenems	2¾ Std.
¾ Std.	¼ Std.	½ Std.	¾ Std.	½ Std.	↗ 370 Hm
↗ 280 Hm	↘ 140 Hm	↗ 90 Hm	↘ 230 Hm	→	↘ 370 Hm

Charakter: einfache Wanderung; beim Abstieg auf der Treppe auf kleinere Kinder aufpassen!
Zeit: 2¾ Std.
Höhenunterschied: 370 Hm, über Schloss Glopper etwa 50 Hm mehr
Ausgangspunkt: Hohenems, Kirche
Anfahrt: Autobahn bis Ausfahrt Hohenems, dann der Beschilderung zum Zentrum folgen. Parkplätze bei der Kirche.
Öffentliche Verkehrsmittel: mit den Linien 53, 54 und 22 nach Hohenems-Schlossplatz
Auskünfte: Tourismusbüro Hohenems, Tel. 05576/42780
Einkehrmöglichkeiten: Reute, Hohenems

Wenn eine Wanderung zu einer Ritterburg oder einer Ruine führt, sind Kinder immer dafür zu begeistern. Die ausgedehnte Ruine Alt-Ems bietet viele Möglichkeiten, die Fantasie spielen zu lassen. Auch die Höhle und das Bergsturzgebiet am Ende der Wanderung werden Kinder interessieren.

Wegverlauf
Am Westportal der Kirche sieht man ein steinernes Grabmal für Jakob Hannibal I., den ersten Grafen von Hohenems, das ihn als stolzen Ritter darstellt (1597). Rechts hinter der Kirche beginnt der Aufstieg zur Ruine. Ein sanft ansteigender Serpentinenweg führt in knapp einer Dreiviertelstunde zu ihr hinauf. Er verläuft im schattigen Wald – ideal an heißen Sommertagen – und für müde Nachwuchsritter und Burgfräulein gibt es Bänke zum Ausruhen. Oben verlassen wir den Wald, die Ruine liegt rechts hinter der Lichtung.
Man betritt die Ruine durch eine Barbakane, ein früher mit zwei Toren versehenes Bollwerk. Von ihr aus hat man einen schönen Blick ins Tal und zum Bodensee. Nachdem wir die Gemäuer besichtigt haben, gehen wir zurück zu der Wiese und halten uns an der Verzweigung rechts („Reute 20 Minu-

ten"). Wir verlassen die Anlage durch einen letzten Torbogen und gehen auf einem verwurzelten Steig in fünf Minuten hinab zu einem breiten Forstweg, dem wir nach rechts folgen. Nach einer Linkskurve ignorieren wir die Abzweigung nach Hohenems und spazieren geradeaus weiter, bis wir zur Straße gelangen. Man kann nun auf der Straße nach Reute spazieren. Schöner ist es, den nach links abzweigenden Weg über das private Schloss Glopper (1343 erbaut) zu nehmen, auf dem wir wieder zur Straße gelangen. Hier halten wir uns links. Knapp fünf Minuten später biegen wir nach der Trafostation nach links, gleich darauf vor dem Haus nach rechts in Richtung „Oberklien, Leiternweg" ab. Nun spazieren wir erst entlang eines Bächleins abwärts, dann halten wir uns an der Verzweigung, wo der Bach den Weg unterquert, links. An der nächsten Abzweigung biegen wir mit der weißrotweißen Markierung nach rechts ab.

An der Verzweigung an einer kleinen Lichtung halten wir uns rechts, überqueren wieder den Bach und treffen danach auf eine steile Steintreppe. Hier sollte man vorsichtig sein und insbesondere auf kleinere Kinder achten. Kurz nach der Treppe führt eine Höhle in den Berg. Danach wandern wir durch ein interessantes Bergsturzgebiet, wo große Felsblöcke zum Klettern verlocken.

Fünf Minuten später sind wir im Tal. Nach links spazieren wir auf einem Waldweg und vorbei am idyllischen Weiher am Spitzeneckbach in einer halben Stunde zurück nach Hohenems.

Ruine Alt-Ems

Die Burgruine Alt-Ems (740 m) gehört mit einer Länge von über 700 Metern und einer Breite zwischen zehn und siebzig Metern zu den längsten Burganlagen des deutschsprachigen Raums. Sie wurde zwischen 1160 und 1190 erbaut. 1195 hielt Kaiser Heinrich VI. den letzten Normannenkönig Wilhelm III. von Sizilien auf der Burg gefangen und blendete ihn, drei Jahre später starb der Gefangene. 1206 nahm König Philipp von Schwaben den Kölner Erzbischof Bruno gefangen und verwahrte ihn auf der Burg. Im Appenzeller Krieg 1407 wurde die Burg zerstört, ein Jahr später aber wieder aufgebaut.

Die Blütezeit der Grafen von Ems war zwischen 1588 und 1640. Nachdem 1713 der letzte Graf von Hohenems gestorben war, kamen Burg und Herrschaft an das Geschlecht Hohenems-Vaduz. 1759 starb auch diese Familie aus und die Habsburger zogen das ihnen gehörende Lehen wieder ein. Im Erbfolgekrieg Maria Theresias gegen Preußen 1760 wurden auf der Burg 360 preußische Soldaten von vierzig Österreichern gefangen gehalten.

In der Ruine befanden sich früher u. a. eine Bäckerei, ein großer Wein- und Früchtekeller, zwei Küchen, der Gefängnisturm, ein Kapellenturm mit Turmuhr und zwei Glocken, ein Pulverturm, der Konradsbrunnen und ein Burggarten mit Obst- und Nussbäumen.

Viele Gefangene saßen in den düsteren Gemäuern der Ruine Alt-Ems.

Tour 7

Der Wildpark auf dem Ardetzenberg
Der mit dem Wolf tanzt

Parkplatz	Sautränke	Parkplatz	1 Std.
	½ Std.	½ Std.	↗ 120 Hm
	↗ 120 Hm	↘ 120 Hm	↘ 120 Hm

Charakter: Spaziergang auf breiten Waldwegen
Zeit: 1 Std.
Höhenunterschied: 120 Hm
Ausgangspunkt: Feldkirch, Parkplatz beim Wildpark
Anfahrt: auf der Autobahn bis Ausfahrt Feldkirch-Nord oder Feldkirch-Frastanz, dann in Richtung Zentrum. Wir umfahren das Zentrum auf der Nordwestseite, ab hier ist der Wildpark ausgeschildert.
Auskünfte: Feldkirch Tourismus, Tel. 05522/73467; Verein Wildpark, Tel. 05522/74105, www.wildpark.feldkirch.org
Einkehrmöglichkeit: Gaststätte im Wildpark
Sonstiges: Der Eintritt ist kostenlos, um Spenden wird gebeten. Der Wildpark verfügt über einen gut ausgestatteten Spielplatz.

Der Wildpark auf dem 631 Meter hohen Ardetzenberg – der Name kommt aus dem Keltischen, wo ardetjo Anhöhe bedeutete – bietet sich für einen netten kleinen Ausflug mit Kindern an. Zu sehen sind unter anderem Steinböcke, Murmeltiere, Wildschweine und sogar Wölfe. Durch den Wildpark führen zwei Rundwanderwege, ein kurzer mit zwei und ein etwas längerer mit drei Kilometern, bei denen man außer an den Tieren noch an interessanten Lehrschildern vorbeikommt. Auf ihnen kann man viel über den Wald, seine Pflanzen und Tiere, über den Kreislauf der Natur, Klima und Bodenbeschaffenheit erfahren – Wissenswertes, das für die größeren Kinder, die bereits Biologieunterricht in der Schule haben, interessant sein wird.

Wegverlauf

Vom Parkplatz aus folgt man der Beschilderung zum Wildpark gelangt in fünf Minuten zum Eingang. Hier hält man sich rechts, kommt zuerst zu den Streicheltieren, dann zum Gasthaus. Die Tiergehege reihen sich ab hier am Weg auf. Später folgt ein gut ausgestatteter Spielplatz. Bei einem Aussichtspunkt und dem Gehege des Sikawildes zweigt der kurze

Rundweg nach links ab. Wenn man noch etwas weiterwandert, kommt man nach dem Rehwildgehege zu einem Querweg. Hier biegen wir nach links ab und spazieren in fünf Minuten zur Sautränke, einem kleinen Teich. Wir biegen nach links ab und gehen bis zu einem querenden Weg, wo es nicht mehr geradeaus weitergeht. Hier halten wir uns links und spazieren am umzäunten Gehege des Muffelwildes vorbei bis zum Gasthaus; nun gehen wir auf bekanntem Weg zurück.

Streicheltiere füttern gefällt allen Kindern.

Die mittelalterliche Schattenburg thront über dem schönen Städtchen Feldkirch.

Hat man größere Kinder dabei, könnte man anschließend noch die Schattenburg besuchen. Man fährt sie, der Beschilderung in der Stadt folgend, am besten extra an.

Schattenburg

Im Städtchen Feldkirch lohnt sich neben der schönen mittelalterlichen Altstadt auch der Besuch der Schattenburg, die auf einer Anhöhe über der Stadt thront. Die im 12. Jahrhundert erbaute Burg ist das Wahrzeichen der Stadt. Sie diente den Grafen von Montfort zur Sicherung von Stadt und Verkehr. Das sagt auch ihr Name aus, denn „Schatten" leitet sich vom mittelhochdeutschen Wort „schade" ab und bedeutet „Schirm, Schutz". Noch heute gewährt die Schattenburg Kindern und Eltern einen Blick in die Welt des frühen 16. Jahrhunderts. Die Burgmauern, der Bergfried, die altertümlichen Räume und der schöne Innenhof sorgen für eine einzigartige mittelalterliche Atmosphäre. Heute beherbergt die Schattenburg neben einem Gasthaus auch ein interessantes Heimatmuseum und eine reich ausgestattete Waffenkammer. (Auskünfte unter 05522/72444.)

Über den See zur Burgruine
Schwarzer See und Ruine Sigburg

Göfis	Schwarzer See	Ruine Sigburg	Göfis	
				2 Std.
1 Std.	¾ Std.	¼ Std.		↗ 300 Hm
↗ 150 Hm	↗ 100 Hm	↗ 50 Hm		↘ 300 Hm
↘ 180 Hm	↘ 150 Hm			

Charakter: überwiegend gute Feld- und Waldwege und Strässchen, etwa eine Viertelstunde lang geht man auf einem Pfad.
Zeit: 2 Std.
Höhenunterschied: 300 Hm
Ausgangspunkt: Göfis, Kirche
Anfahrt: Autobahn bis Ausfahrt Feldkirch/Frastanz, dann kurz in Richtung Feldkirch und bei Maria Grün nach rechts nach Göfis abbiegen. Parkgelegenheit im Zentrum.
Öffentliche Verkehrsmittel: mit der Linie 67 nach Göfis-Kirche
Auskünfte: Tourismusverein Göfis, Tel. 05522/73146
Einkehrmöglichkeiten: Göfis, Schwarzer See

Der Schwarze See liegt idyllisch im Wald. Er entstand vor langer Zeit durch einen Bergsturz. Die Wanderung führt an aussichtsreichen Stellen vorbei zur Ruine Sigburg.

Tour 8

Bodensee-Vorarlberg

Der Schwarze See liegt wie ein Märchensee idyllisch mitten im Wald.

Wegverlauf

Unterhalb von Kirche und Gemeindeamt folgen wir der Straße nach Büttels, wo wir auf die querende Landstraße treffen. Hier halten wir uns geradeaus in Richtung „Schwarzer See" und steigen hoch zum Wald. Dort gehen wir geradeaus auf dem Schotterweg weiter. An der nächsten Verzweigung wandern wir nach links. Wer will, kann hier aber in rund einer halben Stunde nach rechts zur Heidenburg wandern. Fünf Minuten später kommen wir zur nächsten Verzweigung, von hier aus wäre es nur eine Viertelstunde zur Heidenburg.

Der Weg zum Schwarzen See führt aber geradeaus weiter. Beim Schild „Zieger 550 m" biegen wir nach rechts auf den Mühlsteinweg ab. Fünf Minuten später dürfen wir den nach rechts abzweigenden Naturweg zum Schwarzen See nicht verpassen. Nun steigt es wieder an und jetzt folgt rund eine Viertelstunde lang ein teilweise schmieriger Erdweg, der bei Nässe rutschig ist.

Unser Pfad bringt uns zu einem Querweg, dem wir nach rechts folgen. Fünf Minuten später treffen wir auf die Straße, links davon liegt der Schwarze See. Hier kann man eine Pause einlegen und den Anglern beim Fischen zusehen.

Am Seeende spazieren wir auf dem Naturweg bis zur Landstraße. Hier halten wir uns rechts. Wenig später biegen wir erneut nach rechts ab („Schildried"). Ab hier haben wir immer wieder einen prächtigen Blick in den Walgau. Nach einem Steinmäuerchen nehmen wir an einer Verzweigung den rechten, besseren Weg, der in den Wald führt. An der nächsten Verzweigung folgen wir der weißgelben Markierung nach links und gelangen leicht bergabgehend zum Kristhof. An der Verzweigung nach den Häusern halten wir uns rechts in die Asphaltstraße, an der nächsten Verzweigung links in Richtung „Schildried". Fünf Minuten später haben wir diese Ansiedlung erreicht. Wir überqueren die Landstraße und gehen dahinter geradeaus auf den mit Wald bewachsenen Hügel zu.

Rund drei Minuten später werden wir in Richtung „Göfis, Ruine Sigburg" nach rechts verwiesen. Nun steigt es auf einem unbefestigten, schotterigen Weg an. Nach rund fünf Minuten sehen wir rechts die Ruine Sigburg.

Nach der Ruine spazieren wir noch drei Minuten bis zu einem Querweg nach einer Schranke, hier biegen wir nach rechts ab und kommen nach Göfis. Wir treffen auf ein Sträßchen, dem wir in Gehrichtung folgen. An einer Verzweigung nehmen wir die nach rechts führende Straße und gehen auf das Ortszentrum mit der Kirche zu.

Ruine Sigburg und Heidenburg

Bei der Ruine Sigburg sieht man noch große Teile der Ummauerung, die teilweise rund zwei Meter dick ist. In der Sigburg wohnten die Ritter von Göfis, die im 13. Jahrhundert Dienstmannen der Feldkircher und Werdenberger Linie der Montforter waren. Da sie mit dem Grafen Friedrich von Toggenburg in Streit gerieten, zerstörte dieser im Jahre 1435 ihre Burg. In ihr Inneres kann man auf einer Treppe gelangen, aber auch auf einer Holzleiter hochsteigen.

Auch auf der so genannten Heidenburg befand sich vielleicht eine Feste dieses Geschlechts. Es gibt zwar keine urkundlichen Nachweise hierfür, aber auf Grund von Ausgrabungen wird dies vermutet. Da auch Funde aus der Bronzezeit (2150–800 v. Chr.) gemacht wurden und sich hier im 3. bis 4. Jahrhundert n. Chr., der späten Römerzeit, ein Kastell befand, wird dieses Geländestück Heidenburg genannt.

Tour 9

Naturwunder und Mutprobe
Quelltuffwanderung und wackelige Hängebrücke

Bregenzerwald

St.-Anna-Kapelle	Hängebrücke	Rain	St.-Anna-Kapelle	1½ Std.
¾ Std. ↘ 180 Hm	½ Std. ↗ 180 Hm	¼ Std. →		↗ 180 Hm ↘ 180 Hm

Charakter: Im Bereich des Quelltuffes steiles, ausgesetztes Gelände. Man sollte gutes Schuhwerk mit Profilsohlen tragen, schwindelfrei sein und nach Möglichkeit die Kinder an die Hand nehmen. Bei feuchtem Wetter sind die Holzstege rutschig. Das Verlassen der Wege sowie das Mitnehmen von Tuffmaterial sind verboten. Für Kinder interessante Tour, auch wenn es auf dem Rückweg steil bergauf geht!
Zeit: Quelltuff-Wanderweg ¾ Std., insgesamt ab St.-Anna-Kapelle 1½ Std.
Höhenunterschied: 180 Hm

Ausgangspunkt: Lingenau, St.-Anna-Kapelle
Anfahrt: von Dornbirn auf der B 200 in den Bregenzerwald und über Alberschwende nach Lingenau. Die St.-Anna-Kapelle liegt noch vor Ort direkt an der Straße. Parkplätze findet man beim nahen Hallenbad (nach dem Tennisplatz an der Straße nach Langenegg).
Öffentliche Verkehrsmittel: mit der Linie 41 nach Lingenau-St. Anna bzw. mit der Linie 29 nach Lingenau-Hallenbad
Auskünfte: Tourismusbüro Lingenau, Tel. 05513/6321
Einkehrmöglichkeit: Lingenau

> Diese geologisch höchst interessante Tour führt durch den Quelltuff bei Lingenau – eine der großartigsten Kalksinterbildungen nördlich der Alpen. Der Quelltuff wird durch einen informativen und gut gemachten Lehrpfad erschlossen. Auf fünf Schautafeln kann man dabei Interessantes zu Flora, Geologie und Ortsgeschichte nachlesen. Zudem gilt es für Kinder, auf dieser Wanderung eine Mutprobe zu bestehen. Der Weg führt nämlich zu einer wackeligen Hängebrücke über die Subersach.

Wegverlauf

Vom Parkplatz spazieren wir zu der in Kleeblattform errichteten Kapelle und nehmen den gegenüber der Kapelle beginnenden Weg in Richtung „Lehrpfad Quelltuff". Wir zweigen an der nächsten Verzweigung nach links ab. Nun geht es steil abwärts. Bei den letzten Häusern folgt eine weitere Verzweigung, hier halten wir uns erneut links. Hier endet auch das befestigte Sträßchen und wir gehen auf einem Pfad und auf Stufen hinab in das Quelltuffgebiet. Bald steigt der Weg wieder an und bringt uns schließlich an den Waldrand. Nach links gehen wir später hoch und zurück, erst folgen wir aber dem Weg nach rechts hinab zum Drahtsteg. Es geht in Serpentinen steil abwärts in die Schlucht bis zu dieser wackeligen, aber absolut sicheren Hängebrücke – eine Mutprobe für Kinder und somit sicher ein bleibendes Erlebnis! Im Bachbett der Subersach finden sich zudem viele Spielmöglichkeiten für Kinder.

Anschließend gehen wir wieder hoch zur Verzweigung am Waldrand und wandern weiter bergauf in Richtung Ortsmitte. Nach dem ersten Bauernhof halten wir uns links und kommen in wenigen Minuten zurück zur Kapelle.

Wer die Tour ein wenig erweitern möchte, startet in Lingenau bei der Kirche. Wir wandern Richtung Egg und nehmen gleich nach dem Ort vor dem kleinen Magnusbildstock und der hinter ihm stehenden Trafostation den nach rechts abgehenden Weg in Richtung „Lehrpfad Quelltuff". Auf ihm wandern wir, immer oben bleibend, bis zur Anna-Kapelle, wo die eigentliche Tour beginnt. Auf dem Rückweg halten wir uns bei dem Bauernhof rechts und wandern wie zu Beginn zurück nach Lingenau.

An den Quelltuffbildungen führt ein interessanter Lehrpfad vorbei.

Quelltuff

Quelltuff entsteht dadurch, dass sich auf dem unterirdischen Weg des Wassers durch das kalkhaltige Konglomerat Kalk löst, der dann beim Austritt des Wasser an die Luft wieder abgeschieden wird. Er baut das Tuffgestein auf – es wächst jährlich mehrere Millimeter – und „versteinert" Moose, Zweige und Blätter. Das durch das Verkalken entstehende Gestein ist locker und porös und ähnelt einem Schwamm. Im Lauf der Zeit hat das Kalk abscheidende Wasser den Abhang zur Subersach mit tropfsteinartigen Baldachinen und meterhohen pilzförmigen Tuffwänden überzogen – ein faszinierendes geologisches Phänomen. Dieses Tuffgestein war früher ein beliebtes Baumaterial, insbesondere für Ställe und Gewölbe. Bis in die fünfziger Jahre des 20. Jahrhunderts wurde im Lingenauer Quelltuffgebiet noch Kalktuff abgebaut. 1998 wurde es zum Naturdenkmal erklärt.

Rund um den Lecknersee
Alpwiesen, so weit man blickt

Tour 10

Parkplatz – Äuelealpe – Helmingenalpe – Neuschwandalpe – Lecknersee – Parkpl.
¾ Std. ↗ 250 Hm | ¼ Std. ↘ 20 Hm | ¼ Std. ↘ 150 Hm | ½ Std. ↘ 70 Hm | ¼ Std. ↘ 10 Hm | 2 Std. ↗ 250 Hm ↘ 250 Hm

Bregenzerwald

Charakter: einfache Wanderung auf Alpwegen, ein kurzes Stück auf einem Wiesenweg. Der knapp vierzigminütige Anstieg kommt gleich zu Beginn.
Zeit: 2 Std.
Höhenunterschied: 250 Hm
Ausgangspunkt: Hittisau, Parkplatz Lecknersee
Anfahrt: von Dornbirn auf der B 200 über Alberschwende und Lingenau nach Hittisau. In Hittisau fährt man zunächst in Richtung Riefensberg, biegt jedoch nach der Bolgenach nach rechts ab. Dann fährt man auf der Mautstraße bis zum letzten Parkplatz.
Auskünfte: Hittisau Tourismus, Tel. 05513/6209-50
Einkehrmöglichkeiten: Hittisau, Neuschwandalpe, Gasthaus Höfle
Sonstiges: In Hittisau gibt es ein Freibad und drei interessante Museen (Alpsennereimuseum, Küfereimuseum – früher und heute, Frauenmuseum).

Diese Tour führt uns durch die von der Alpwirtschaft geprägte Landschaft um den Lecknersee. Hittisau ist die Gemeinde mit den meisten Alpen Österreichs, und allein hier um den See gibt es rund fünfzig Stück davon! Während Erwachsene sich an der herrlichen Bergumgebung unterhalb der Nagelfluhkette mit dem Hochgrat erfreuen, sorgen Einkehrmöglichkeiten in der zweiten Hälfte der Wanderung und ein kleines Tiergatter auch beim Nachwuchs für gute Laune. Interessant für größere Kinder ist auch das Nagelfluhgestein, das hier immer wieder zu sehen ist.

39

Wegverlauf

Wir spazieren zwei Minuten taleinwärts, dann biegen wir nach rechts ab in Richtung „Hochleckach über Äuele". Der Weg steigt gemächlich mit ein paar Serpentinen an, wobei bei der ersten Rechtskurve links im Wald ein kleiner Wasserfall rauscht. Nach einem Gatter werden wir mit dem Schild „Äuelealpe, Helmingenalpe" nach links verwiesen, nun geht es nur noch leicht ansteigend auf einem Wiesenweg weiter zur einsamen Äuelealpe.

Ab hier wandern wir wieder bergab. Wir überqueren die Grenze zu Deutschland und sind in knapp einer Viertelstunde bei der Helmingenalpe. Vor ihr biegen wir jedoch nach links ab und folgen dem Weg, der uns über die Neuschwandalpe – hier gibt es ein kleines Tiergatter – und das Gasthaus Höfle zum Lecknersee bringt. Vom See gelangen wir in knapp einer Viertelstunde zurück zum Ausgangspunkt.

Lecknersee

Der Lecknersee ist ein „junger" See, denn er wurde erst im 19. Jahrhundert durch einen Bergrutsch gebildet. Da er im Laufe der Zeit zu verlanden drohte, hat der Mensch zweimal in den natürlichen Verlauf eingegriffen, das letzte Mal 1999.

Der Lecknersee lädt ein zu einer Rast.

Nagelfluh

Obwohl das Nagelfluhgestein aussieht wie mit Zement verbackene Kieselsteine, ist es doch auf natürliche Ursachen zurückzuführen. Zur Entstehung muss man weit in die Erdgeschichte zurückgehen. Es entstand, als Schlamm, Geröll und Sande durch die urzeitlichen Flüsse verfrachtet und abgelagert wurden. Sie verfestigten sich zu einer kompakten Gesteinsmasse – dieser „Naturbeton" wurde dann Nagelfluh genannt, weil die hervorstehenden Kieselbatzen wie Nagelköpfe aussehen. Aufgrund der Alpenfaltung wurde es auf die heutige Höhe der Berge herausgehoben. Da das Gestein, obwohl es aus einzelnen Stücken besteht, doch sehr widerstandsfähig ist, kann es auch große und steile Gipfel bilden. Im benachbarten Allgäu gibt es eine ganze Bergkette, die nach diesem Gestein Nagelfluhkette genannt wird.

Tour 11

Über die Niedere
Fernsicht bis zum Bodensee

Bergstation — Niedere Höhe — Stongerhöhenalpe — Wildmoosalpe — Mittelstation — 2 Std. / 100 Hm / 300 Hm

½ Std. 80 Hm ↗ · ½ Std. 10 Hm ↗ · ½ Std. 300 Hm ↘ · ½ Std. 10 Hm ↗

Bregenzerwald

Charakter: einfache Wanderung, zuerst eine Stunde auf Steigen, dann auf Alpwegen. Wegen des erdigen Untergrunds allerdings bei und nach feuchtem Wetter nicht zu empfehlen.
Zeit: 2 Std.
Höhenunterschied: ca. 100 Hm aufwärts, 300 Hm abwärts
Ausgangspunkt: Bezau, Bergstation Baumgarten
Anfahrt: von Dornbirn auf der B 200 in den Bregenzerwald und über Egg und Andelsbuch nach Bezau. Parkplätze bei der Talstation der Bergbahn.
Öffentliche Verkehrsmittel: mit den Linien 35, 38 und 40 nach Bezau-Postamt. Die von Bregenz kommende Linie 35 fährt die Talstation einmal täglich an.
Auskünfte: Tourismusbüro Bezau, Tel. 05514/2295
Einkehrmöglichkeiten: Sonderdach, Baumgartenhöhe, Wildmoosalpe, Bezau

42

Niedere und Diedamskopf (Route 15) sind beliebte Berge zum Paragleiten.

Diese leichte Wanderung führt die erste Stunde leicht ansteigend auf einen aussichtsreichen Höhenrücken und über satte Alpwiesen, auf denen Kühe grasen und in denen man im Frühsommer eine reiche Blumenpracht mit Enzianen, Trollblumen und sogar Knabenkräutern findet. Dann geht es auf breiten Alpwegen nur noch bergab.
Interessant sind die vielen Gleitschirmflieger, die bei entsprechendem Wetter bei der Vorderen Niederealpe starten. Wer sich näher dafür interessiert, sollte einen Abstecher dorthin machen. Hin und zurück (Ab- und Aufstieg etwa 100 m) muss man hierfür allerdings rund eine Stunde Wegzeit rechnen. Fliegen sieht man sie jedoch auch vom Gratweg aus.

Wegverlauf
Nachdem man auf der Bergstation die wunderbare Aussicht auf den Bodensee genossen hat, geht man rechts in Richtung „Niedere, Stongerhöhenalpe". Der Weg steigt gemächlich an und wir bleiben immer auf dem teils schmalen Höhenrücken. Bei der Abzweigung zur Niederealpe (wenn man den Gleitschirmfliegern beim Starten zusehen möchte, biegt man hier ab) wandern wir immer geradeaus weiter zur Niederen Höhe, die wir nach gut einer halben Stunde erreichen. Ab jetzt geht es nur noch bergab.

Für Abwechslung unterwegs sorgen die Alphütten und die Kühe.

Wir kommen durch eine kleine „Felswüste", die durch Bergsturz von dem kleinen Felsmassiv links des Weges entstanden ist. Hier können die Kinder Steinmännle bauen. Nach insgesamt rund einer Stunde Gehzeit erreichen wir die Stongerhöhenalpe. Hier könnte man noch einen halbstündigen Abstecher zur Stongerhöhe machen, zurück braucht man etwas weniger lang.
Anschließend wandern wir auf dem breiten Weg abwärts. Nach einer Viertelstunde biegen wir an einer Verzweigung rechts ab („Stongenalpe, Sonderdach"). Nach zehn Minuten kommen wir zur Stongenalpe und halten uns hier rechts. An der nächsten Verzweigung gehen wir geradeaus weiter und kommen zur links des Weges liegenden, bewirtschafteten Wildmoosalpe. Wir halten uns rechts, es steigt wieder ein wenig an, und eine halbe Stunde später sind wir bereits an der Mittelstation beim Vorsäß Sonderdach. Hier kann man entweder mit der Bahn wieder hinabfahren oder man schließt die Tour Nr. 12 an. Hierzu sollten die Kinder allerdings nicht gerade im Stolperalter und auch noch nicht zu müde sein, denn der anfangs steile Weg erfordert Konzentration.

Durch den Höhlenpark
Bergab zwischen haushohen Felsbrocken

Mittelstation Sonderdach	Höhlenpark	Bezau	Talstation	1¾ Std.
½ Std. ↘ 60 Hm	¾ Std. ↘ 500 Hm	½ Std. ↗ 40 Hm		↗ 40 Hm ↘ 560 Hm

Tour 12

Bregenzerwald

Charakter: Anfangs steiler Abstieg von der Mittelstation der Bezauer Bergbahn, nach rund einer halben Stunde geht es gemächlicher bergab. Bei und nach feuchtem Wetter sollte die Tour wegen des anfangs rutschigen Weges nicht unternommen werden.
Zeit: 1½ Std.
Höhenunterschied: 40 Hm Anstieg, 560 Hm Abstieg
Ausgangspunkt: Bezau, Mittelstation Sonderdach

Anfahrt: von Dornbirn auf der B 200 in den Bregenzerwald und über Egg und Andelsbuch nach Bezau. Parkplätze bei der Talstation der Bergbahn.
Öffentliche Verkehrsmittel: mit den Linien 35, 38 und 40 nach Bezau-Postamt. Die von Bregenz kommende Linie 35 fährt die Talstation einmal täglich an.
Auskünfte: Tourismusbüro Bezau, Tel. 05514/2295
Einkehrmöglichkeiten: Sonderdach, Bezau

Diese kurze Tour beginnt erst mit einem steilen Abstieg, dann kommt man in den so genannten Höhlenpark, in dem man sich zwischen riesigen Felsbrocken bewegt. Ein interessanter Lehrpfad bringt einem zudem alles über den Wald und die Natur bei, was man im Biologieunterricht versäumt hat. Die Wanderung könnte man mit konditionsstarken Kindern auch als Abstieg nach Wanderung Nr. 11 machen, allerdings müssten sie dann nach der vorausgehenden Tour noch trittsicher sein.

Wegverlauf
Wir halten uns hinter der Mittelstation Sonderdach links in Richtung „Bezau über Steinalpe" und nehmen kurz danach den links abzweigenden Weg. Gleich darauf beginnt ein anfangs steiler Abstieg, meist im Wald, teilweise aber auch über Lichtungen, die uns einen schönen Blick auf Bezau bieten. Knapp eine halbe Stunde später kommen wir an der verwaisten Steinalpe vorbei. Nach gut einer Viertelstunde treffen wir auf einen breiten Forstweg, nun geht es gemütlicher weiter. Fünf Minuten später rauscht rechts ein schöner Wasserfall herab.

Wir verlassen kurz den Wald und biegen gleich darauf mit dem Schild „Höhlenparklehrpfad" nach links ab, wieder in den Wald. (Wer den gesamten Rundweg des Höhlenparklehrpfads begeht, kommt wieder an dieser Abzweigung an.) Nun geht es zwischen mächtigen Felsbrocken abwärts zu Lehrpfadschildern. Wer den gesamten Rundweg begehen will, wird jetzt nach rechts verwiesen. Man muss dann wieder rund 50 Höhenmeter ansteigen und trifft auf den oben erwähnten Abzweig, bei dem man auf dem Herweg nach links abge-

Der Höhlenpark

Der beeindruckende „Naturdenkmal Höhlenpark" entstand durch Felsstürze vor rund einem halben Jahrtausend, deshalb sind es auch keine „richtigen" Höhlen. In den verschiedenen Löchern und Spalten der Felsen leben eine Vielzahl an Tieren, die die Dunkelheit und Dämmerung lieben, beispielsweise Eulen, Uhus und Fledermäuse. Die längste der überdachten Höhlungen ist 24 Meter lang.

bogen ist, nun biegen wir natürlich nach rechts ab und steigen ein zweites Mal auf diesem bekannten Abstiegsweg zurück zu den Lehrpfadschildern. Wenn wir dem Weg weiter abwärts folgen, erreichen wir einen großen, einzeln stehenden Felsen, den Klausenstein, auf dem sich eine kleine, offene Holzhütte befindet. Der Weg dorthin auf einer überaus luftigen Brücke ist für viele sicherlich eine kleine Mutprobe.

Anschließend gehen wir noch rund fünf Minuten hinab zu den ersten Häusern von Bezau. Hier werden wir mit dem Schild „Bergbahn Seilbahn" nach links verwiesen. Wir bleiben immer auf dem schmalen Pfad rechts des kleinen Bächleins, folgen den gelbweißen Markierungen und spazieren in knapp einer halben Stunde zurück zur Talstation. Wo bei den letzten Häusern der Weg beginnt, steiler anzusteigen, werden wir mit dem Schild „Bergbahn 3 Min." nach rechts verwiesen.

Im Höhlenpark kommt man an mächtigen Felsbrocken vorbei.

Tour 13

Sünser See und Blauer See
Wo der wilde Sünser Stier haust

Parkplatz — Blauer See — Sünser Joch — Sünser See — Portla-Fürkele — Parkplatz

| 1¼ Std. ↗ 250 Hm | ¼ Std. → | ¼ Std. ↘ 100 Hm | ½ Std. ↗ 50 Hm | ¼ Std. ↘ 200 Hm | 2½ Std. ↗ 300 Hm ↘ 300 Hm |

Bregenzerwald

Charakter: Man wandert ständig auf Pfaden. Vor allem zwischen Blauem See und Sünser Joch sollten die Kinder trittsicher und schwindelfrei sein. Ebenso beim eventuellen Abstecher auf den Gipfel.
Zeit: 2½ Std.
Höhenunterschied: 300 Hm
Ausgangspunkt: Parkplatz unterhalb der Portlaalpe
Anfahrt: von Rankweil aus durch das Laternsertal zum Furkajoch bzw. über Damüls in Richtung Furkajoch
Auskünfte: Damüls Tourismus, Tel. 05510/6200
Einkehrmöglichkeit: Portlaalpe

Mit Seen kann man Kinder auf einer Wanderung immer wieder begeistern. Besonders, wenn es sich um zwei so schön gelegene Bergseen handelt wie diese, die wir bei dieser Wanderung besuchen. Hier kann man eine Rast einlegen, damit die Nachwuchswanderer am Wasser spielen können. Hinter dem größeren der beiden, dem Sünser See, erhebt sich eine mächtige Felswand mit der Sünser Spitze als höchstem Punkt. Ein winziges Bergseelein ist dagegen der etwas höher liegende Blaue See. Wir wandern durch saftige, grüne Alpwiesen, auf denen neben anderen Alpenblumen unzählige Alpenrosen, Trollblumen und verschiedene Enzianarten wachsen. Vielleicht haben die Kinder sogar einen Sinn für die herrliche Aussicht – begeistert sind sie jedoch sicher, wenn sie von der Sünser Spitze aus sogar den Bodensee sehen können.

Wegverlauf

Ein paar hundert Meter nördlich des Furkajochs in Richtung Damüls befindet sich ein großer Parkplatz, kurz danach ein weiterer, etwas kleinerer. Auf ihm parken wir, wenn noch Platz frei ist. Hier zweigt der Güterweg zur Portlaalpe ab. Wir gehen auf diesem Weg in fünf Minuten zur Portlaalpe (1726 m) und zwischen den Häusern hindurch.

Unterwegs kommt man an der Sünsalpe vorbei.

In einer Viertelstunde steigen wir auf in einen Sattel, das Portla-Fürkele, wo sich der Weg verzweigt. Wir nehmen den Weg, der rechts am Hang entlangführt. Auf ihm steigen wir in einer Dreiviertelstunde auf zum kleinen Blauen See (1930 m) am Fuß des Portlahorns. Mit größeren Kindern kann man von hier aus in knapp 20 Minuten zum Portlahorn (2010 m) aufsteigen. Vom Blauen See wandern wir in rund zehn Minuten relativ eben weiter zum Sünser Joch (1900 m). Von hier aus geht es in einer Viertelstunde hinunter zum Sünser See (1810 m). Nach rund eineinhalbstündiger Wanderung ist eine Pause am Wasser meist sehr willkommen.

Mit größeren, konditionsstarken Kindern kann man auch einen Abstecher zur Sünser Spitze (2061 m) machen. Der Weg führt am See entlang und zweigt dahinter nach rechts ab. In rund 45 Minuten steigt man zur Sünser Spitze auf, wo man eine fantastische Aussicht, unter anderem bis zum Bodensee, hat. Der Abstecher erfordert Trittsicherheit und Ausdauer, sind doch noch rund 250 Höhenmeter zusätzlich zu bewältigen.

Der Stier im Sünser See

Im Sünser See hauste einst der gefürchtete Sünser Stier. Wenn er aus dem See auftauchte und ans Ufer schwamm, erschreckte er das Alpvieh so sehr, dass es davonrannte. Dann hatte der Hütebub viel Arbeit, bis er die versprengte Herde wieder gesammelt hatte. Manches Tier war dabei auch zu Tode gestürzt. Als einmal Fremde auf die Alpe kamen, erzählten ihnen die Sennen von dem Stier. Diese mochten die Geschichte aber nicht glauben. Als sie wieder abzogen, warfen sie im Übermut Steine in den See und riefen dem Stier allerlei Schmähworte zu. Doch nichts rührte sich im See. Nachts aber wurden die Sennen durch einen fürchterlichen Lärm aus dem Schlaf aufgeschreckt und ihre Hütte erbebte unter furchtbaren Stößen und Getrampel. Draußen stand der Stier und versuchte, da die Türe gut verschlossen und zudem gesegnet war, durch das Dach hereinzubrechen. Nach kurzer Beratung beschlossen die Alpleute, die Hütte unbemerkt zu verlassen und sich mit mächtigen Stangen zu bewaffnen. Damit wollten sie den Stier vertreiben. Als das Tier die Sennen mit ihren Stangen – bereit zum Angriff – sah, brach es in ein furchtbares Gebrüll aus und stürmte in den See, wo es verschwand. In diesem Jahr kam jedoch das meiste Vieh um, obwohl sich der Stier nicht mehr sehen ließ.

Für den Rückweg halten wir uns am See links und wandern auf dem Pfad in zwanzig Minuten zur Sünsalpe (1764 m). Links sehen wir den Seeabfluss mäandern, teilweise hat sich der Bach auch tief eingeschnitten. An der Alpe knickt der Weg nach links ab. Wir kommen hinab ins Bachbett, danach steigt es wieder an zum Portla-Fürkele. Nun steigen wir in zwanzig Minuten ab und gehen über die Portlaalpe, die sich zu einer Schlusseinkehr anbietet, zurück zum Parkplatz.

< *Der Sünser See ist von Alpwiesen mit Alpenrosen und Wollgras umgeben.*

Tour 14: Zur Ugaalpe
Bergerlebnis auch für die Kleinen

Bergstation	Elsenkopf	Bergstation	Hintere Ugaalpe	Talstation	
½ Std. ↗ 120 Hm	½ Std. ↘ 120 Hm	¼ Std. ↘ 10 Hm	1¼ Std. ↘ 460 Hm		2½ Std. ↗ 170 Hm ↘ 590 Hm

Charakter: leichte Bergtour. Der Weg zum und vom Elsenkopf verläuft auf einem Steig. Einen Teil des Abstiegs geht man auf steilen Graswegen, so dass die Wanderung bei Nässe nicht zu empfehlen ist.
Zeit: 1½ Std., mit Elsenkopf 2½ Std.
Höhenunterschied: ohne Elsenkopf etwa 470 Hm bergab, Zwischenanstiege etwa 50 Hm. Aufstieg zum Elsenkopf 120 Hm
Ausgangspunkt: Damüls, Bergstation der Damülser Seilbahn

Anfahrt: von Rankweil durch das Laternser Tal über das Furkajoch; ab Nüziders auf der B 193 durch das Große Walsertal. Oder auf der B 200 durch den Bregenzerwald und in Au nach Damüls abzweigen. Parkplatz an der Talstation.
Öffentliche Verkehrsmittel: mit der Linie 40 nach Au-Postamt, umsteigen auf die Linie 43 nach Damüls-Ugalift
Auskünfte: Tourismusamt Damüls, Tel. 05510/6200
Einkehrmöglichkeiten: Bergstation, Uga, Damüls

Alphütte bei der Ugaalpe

Will man auch schon kleinen Kindern die Schönheit der Bergwelt nahe bringen, so empfiehlt sich diese Tour durch die sanft gewellte Alplandschaft unterhalb der markanten Damülser Mittagsspitze. Man hat ständig eine herrliche Aussicht, spaziert durch eine Wiesenlandschaft, die im Frühsommer durch eine prächtige Blütenfülle bezaubert, und kann sogar noch ohne große Anstrengung einen Gipfel besteigen.

Wegverlauf
An der Bergstation halten wir uns rechts und steigen in einer halben Stunde auf zum Elsenkopf (1940 m) – so hat man auch bei dieser kurzen Tour einen Gipfel bestiegen. Dann wandert man zurück zur Bergstation bei der Vorderen Ugaalpe und hier geradeaus durch. Wer auf den Gipfel verzichtet, hält sich bei der Bergstation links.

Rast bei der kleinen Feldkapelle oberhalb der Talstation

In einer Viertelstunde steigen wir nun ab zur Hinteren Ugaalpe und gehen geradeaus weiter („Damüls über Hasenbühel"). Vor uns sehen wir für die nächste Zeit unterhalb des Hochblanken und des Ragazer Blanken die Felswand der Ragazer Schrofen. An ihr kann man anhand der halbkreisförmigen Felsformationen und -schichtungen gut die Kraft der Elemente bei der Alpenfaltung erkennen.

Direkt bei einem Skilift biegen wir nach links ab und folgen den weißrotweißen Pflöcken. Beim querenden breiteren Weg halten wir uns links. Kurz vor der Sessellifttrasse biegen wir wieder nach rechts ab, gleich darauf sehen wir rechts einen Wasserfall, der über treppenförmig geschichtetes Gestein herabstürzt.

Den Pflöcken folgend kommen wir zu einer Skitrasse, auf der wir weiter abwärts steigen. Bei der Hütte folgen wir dem abwärts führenden Alpweg über Uga zurück zur Talstation.

Abwärts vom Diedamskopf zum Wasserfall
Alplandschaft und 100 Gipfel

Tour 15

Bregenzerwald

Bergstation	Diedamskopf	Kreuzle	Breitenalpe	Mittelstation		1¾ Std.
	¼ Std.	½ Std.	¼ Std.	¾ Std.		↗ 70 Hm
	↗ 70 Hm	↘ 280 Hm	↘ 160 Hm	→		↘ 440 Hm

Mittelstation	Abzweigung Wasserfall	Wasserfall	Talstation		2¾ Std.
	1¾ Std.	½ Std.	½ Std.		↗ 150 Hm
	↘ 780 Hm	↗ 150 Hm	↘ 220 Hm		↘ 1000 Hm

Charakter: bis zur Mittelstation meist auf gut zu gehenden Pfaden, ansonsten auf Fahrwegen. Ab der Mittelstation kurzer, steiler Abstieg auf einem Steig, dann weiter auf einer Forststraße, zum Wasserfall auf einem Steig. Auf kleinere Kinder sollte man am Gipfelbereich und an den Steilabstürzen vor dem Kreuzle aufpassen. Bei feuchtem Wetter ist die erste Strecke teilweise rutschig.
Höhenunterschied: zum Gipfel 70 Hm bergauf, Abstecher zum Wasserfall 150 Hm bergauf, ansonsten bergab: ohne Abstecher etwa 1220 Hm von der Bergstation
Ausgangspunkt: Schoppernau, Bergstation der Diedamskopfbahn

Anfahrt: von Dornbirn auf der B 200 in den Bregenzerwald und über Egg und Andelsbuch nach Schoppernau, Parkplatz bei der Talstation
Öffentliche Verkehrsmittel: mit der Linie 40 nach Schoppernau-Diedamskopfbahn
Auskünfte: Tourismusbüro Schoppernau, Tel. 05515/2495
Einkehrmöglichkeiten: Bergstation, Breitenalpe, Mittlere Diedamsalpe, Talstation, Schoppernau
Sonstiges: Auf der Bergstation befindet sich ein großer Kinderbereich mit vielen Spielmöglichkeiten.

Die Wanderung führt uns durch die weiten, grünen Alpmatten um den Diedamskopf. Vom Gipfel genießt man eine herrliche Aussicht zu den Allgäuer und Lechtaler Alpen, ins Rätikon, zu den Glarner Alpen und sogar bis zum Bodensee – über 100 Gipfel sollen von dort oben zu sehen sein. Bei schönem Wetter sieht man auch viele Gleitschirmflieger. Mit kleinen Kindern wandert man gemütlich bergab zur Mittelstation. Mit größeren kann man weitergehen bis zur Talstation und dabei noch einen imposanten Wasserfall aufsuchen.

Der Weg verläuft in sicherem Abstand zu den Steilabstürzen.

Wegverlauf

Von der Bergstation aus steigen wir in zehn Minuten auf zum Gipfel des Diedamskopfs. Dann gehen wir zurück zur Bergstation und folgen dem Weg in Richtung „Kreuzle". Wir wandern auf die beeindruckenden Steilabstürze an der Nordwand des Bergmassivs zu und gehen dort, wo nach zehn Minuten der Fahrweg nach rechts zieht, geradeaus auf einem Naturweg weiter. Wir kommen direkt an die Steilabstürze, hier sollte man auf kleinere Kinder aufpassen.

Zwanzig Minuten nach der Bergstation sind wir beim Kreuzle. Wir biegen nach rechts ab in Richtung „Breitenalpe", die wir in rund einer Viertelstunde auf einem Pfad erreichen. Von hier aus kann man einen Abstecher zur bewirtschafteten Neuhornbachalpe machen (1 Stunde hin und zurück).

Ansonsten wandern wir auf einem Pfad weiter durch die Weiden (Beschilderung „Mittelstation"). Zur Alpzeit grasen hier auch viele Kühe. Wir kommen an ein paar Bachläufen vorbei, die zum Spielen einladen, und sind rund eine Dreiviertelstunde nach der Alpe an der Mittelstation. Hier sollte man mit kleinen Kindern die Tour beenden.

Mit größeren Kindern, die noch Kondition haben, gehen wir weiter zur Talstation. Der Weg führt direkt an der Mittelstation fünf Minuten über eine Wiese steil bergab zu einem Fahrweg, auf dem wir nach rechts weiter bergab zur Mittleren Diedamsalpe wandern. Hier müssen wir uns entscheiden. Nach rechts zweigt der „Aussichtsweg" ins Tal ab. Wir nehmen jedoch den nach links abbiegenden Forstweg (beide Strecken 1¾ Stunden) und gelangen nach rund 1½ Stunden zu den ersten Häusern von Schoppernau. Hier zweigt der ausgeschilderte Weg nach rechts zum Wasserfall ab. Wir gehen hoch bis zur Schrannenbachbrücke, wo wir nach rechts verwiesen werden. Nach einem fünfminütigen Aufstieg wechselt der Weg auf die linke Seite des Baches. Nun geht es auf einem wurzeligen und steinigen Pfad noch rund eine Viertelstunde steil hoch zum Talschluss. Hier stürzen zwei Bäche zusammen in ein Bachbett mit riesigen Felsbrocken. Die Kinder werden die Gelegenheit gerne nützen, sich etwas im Bachbett umzusehen.

Anschließend gehen wir wieder hinab zur Brücke und folgen hier der Beschilderung zur Talstation.

Tour 16

Kalbelesee und Körbersee
Ruderbootfahrt mit Bergidylle

Parkplatz Kalbelesee — ¾ Std. ↗ 230 Hm — Körbersee — ¾ Std. ↘ 250 Hm — 1½ Std. ↘ 400 Hm — Schröcken — 3 Std. ↗ 230 Hm ↘ 650 Hm

Bregenzerwald

Charakter: leichte Wanderung auf Kinderwagen-geeigneten Güterwegen
Zeit: 3 Std.
Höhenunterschied: vom Kalbelesee zum Körbersee etwa 230 Hm bergauf und 250 Hm bergab. Abstieg nach Schröcken 400 Hm
Ausgangspunkt: Hochtannbergpass
Anfahrt: von Dornbirn auf der B 200 durch den Bregenzerwald zum Hochtannbergpass. Gebührenpflichtiger Parkplatz bei der Alpe Körb am Kalbelesee, eine kostenlose Parkmöglichkeit gibt es etwa 200 Meter weiter in Richtung Warth.
Öffentliche Verkehrsmittel: mit der Linie 40 zur Haltestelle Hochtannberg, retour von der Haltestelle Schröcken-Dorf
Auskünfte: Tourismusbüro Schröcken, Tel. 05519/26710
Einkehrmöglichkeiten: Alpe Körb am Ausgangspunkt, Hotel Körbersee, Batzenalpe, Schröcken
Sonstiges: Öffnungszeiten Alpmuseum bei der Batzenalpe: So 12.30–16 Uhr

Rast am Körbersee (© Tourismusbüro Warth / Fotograf: Peter Mathis)

Der Kalbelesee und der Körbersee zählen zu den schönsten Bergseen in Vorarlberg. Während der seichte Kalbelesee direkt an der Straße am Hochtannbergpass liegt, ist der Körbersee in einer rund dreiviertelstündigen Wanderung für Jung und Alt bequem zu erreichen. Hier gibt es eine Einkehrmöglichkeit und man kann auf dem See Ruderboot fahren. Am See gibt es schöne Rastplätze, wo man herrlich picknicken kann.

Man kann entweder auf demselben Weg wieder zurückgehen oder in rund einer Stunde bergab nach Schröcken wandern, von wo man mit dem Bus wieder zurück zum Ausgangspunkt gelangen kann.

Wegverlauf

Der geschotterte Weg führt vom See nach links von der Straße weg. Mit leichtem Auf und Ab erreichen wir nach rund einer Dreiviertelstunde den Körbersee. Beeindruckend ist der Blick auf die Mohnenfluh und die Braunarlspitze. Zu einer Rast am See findet man auf seiner Südseite schöne Stellen, wenn man nicht im Hotel einkehren will.

Nun kann man entweder auf demselben Weg zurückgehen oder nach Schröcken wandern. Dazu halten wir uns am Hotel rechts („Schröcken 1 Std."). Wir spazieren in einer Viertelstunde weiter abwärts zur Batzenalpe, wo es ein Alpkäsereimuseum gibt. Dann geht es auf dem Güterweg in etwa vierzig Minuten nach rechts nach Schröcken. Ab hier kann man mit dem Bus wieder zurück zum Ausgangspunkt fahren.

Der Kalbelesee

Auf dem Tannberg lebte vor uralten Zeiten ein Bauer, der ein schönes Kalb besaß, das er nicht genug bewundern konnte. In seiner Vernarrtheit taufte er das Kalb sogar, als wäre es ein Familienmitglied. Dieser Frevel blieb jedoch nicht unbestraft: Sogleich öffnete sich der Boden und verschlang Bauer und Kalb. An jener Stelle entstand ein See, der heute noch der Kalbelesee heißt.

Während der Alpzeit sind Kühe stetige Begleiter auf dem Weg zum Körbersee.

Zur Ruine Blumenegg
Vorbei am Thüringer Wasserfall

Tour 17

Thüringen	Montiolaseen	Ruine Blumenegg	Thüringen	2 Std.
½ Std. ↗ 160 Hm	½ Std. →	1 Std. ↘ 160 Hm		↗ 160 Hm ↘ 160 Hm

Alpenregion Bludenz

Charakter: kurze Wanderung, die teilweise auf schmalen, steilen Pfaden und teilweise auf Sträßchen führt. Bei Nässe ist es auf den Pfaden rutschig.
Zeit: 2 Std.
Höhenunterschied: etwa 160 Hm
Ausgangspunkt: Thüringen, St.-Anna-Kapelle
Anfahrt: A 14 bis Ausfahrt Bludenz-Nüziders oder Nenzing, dann weiter in Richtung Thüringen. In Thüringen finden wir Parkmöglichkeiten, wenn wir uns an der Durchgangsstraße bei Post, Gemeindeamt und Gendarmerie entweder links in die St.-Anna-Straße in Richtung der kleinen St. Anna-Kapelle oder nach rechts in Richtung der Pfarrkirche halten.
Öffentliche Verkehrsmittel: mit den Linien 73, 76, 77 oder 78 nach Thüringen-Gemeindeamt
Auskünfte: Verkehrsverein Thüringen, Tel. 05550/2578
Einkehrmöglichkeit: Thüringen
Sonstiges: Grillmöglichkeit bei den Montiolaseen

> Kindern liegt an herrlicher Aussicht oft nicht so viel. Viel interessanter für sie sind Wasser und Burgruinen. Beide Wünsche werden auf dieser kurzen Wanderung erfüllt: Wir erleben zuerst einen mächtigen Wasserfall und kommen kurz darauf an der Burgruine Blumenegg vorbei.

Wegverlauf

Wir gehen zunächst von den Parkmöglichkeiten in Richtung der St.-Anna-Kapelle, vorbei am Gemeindeamt, in Richtung des Zentrums und der Kirche, dann auf der nach rechts führenden Straße in Richtung „Wasserfall 15 Min.". An der Sparkasse zieht die Straße nach rechts, hoch zur Pfarrkirche, wir spazieren aber geradeaus weiter. Wo die Straße nach rechts zur Kirche führt, nehmen wir die geradeaus weiter hoch führende Schmiedgasse. Sie bringt uns in kurzer Zeit zur Landstraße, wo wir in wenigen Minuten nach rechts zum Wasserfall gelangen.

Nun geht es links des Wasserfalls hoch (Schild „Wanderwege"). Ein Zickzackweg bringt uns in rund zehn Minuten hinauf zu den duftenden Blumenwiesen bei den Montiolaseen. Hier biegen wir mit dem Schild „Ruine Blumenegg" nach rechts ab. Wir lassen den Weiher links liegen und kommen schließlich zu einem Sträßchen, dem wir mit dem Schild „Ruine Blumenegg ¼ Std." nach rechts folgen. Nach knapp 10 Minuten treffen wir auf die ins Große Walsertal führende Straße und biegen hier nach links ab. Gleich darauf überqueren wir das Schlosstobel, danach werden wir nach rechts verwiesen. Ab jetzt geht es nur noch abwärts.

Nach kurzer Zeit sehen wir rechts des Weges den Hügel mit der Ruine und gehen zu ihr hoch.

Nach der Besichtigung steigen wir auf dem schmalen Pfad, der links des Burghügels steil bergab führt, in rund fünf Minuten hinunter zu ei-

Der Wasserfall

Der Bach, der als Kaskadenwasserfall rund dreißig Meter herabstürzt, fließt von den Montiolaseen – künstlich angelegten Weihern – durch eine romantische Waldschlucht. Früher wurde der Wasserfall zu Antriebszwecken in der darunter befindlichen Fabrik genützt. Neben dem Wasserfall sieht man noch die mit mächtigen Nieten versehene Druckrohrleitung der 1837 vom schottischen Adeligen John Douglass gegründeten Baumwollspinnerei und Weberei, die erst 1966 ihre Produktion einstellte.

Ruine Blumenegg

Die Ruine Blumenegg wurde um 1260 von den Grafen von Montfort-Werdenberg erbaut und 1405 vom Bund ob dem See erobert. 1650 zerstörte ein Brand die Anlage. Nach einem weiteren Brand im Jahre 1774 wurde Blumenegg nicht mehr aufgebaut. Heute befindet sich die Ruine in Privatbesitz.

Der Zugang erfolgt auf einem rechtsdrehenden Weg auf der linken Seite der Anlage. Dies hatte einen guten Grund: So mussten die Angreifer beim Hinaufstürmen ihre rechte Seite, auf der sie das Schwert (und nicht den sichernden Schild) trugen, den Verteidigern ungeschützt zuwenden.

nem querenden Schotterweg, der uns hinab ins Tal der Lutz zu dem großen, quaderförmigen Gebäude der Flugrettung bringt. Hier kann man auch ins Bachbett mit den großen Steinen gelangen, was Kindern sicherlich Spaß machen wird.
Wir spazieren anschließend auf dem Sträßchen nach rechts hinaus zu der von Ludesch nach Thüringen führenden Straße. In zehn Minuten sind wir auf dem neben der Straße verlaufenden Weg zurück zum Ausgangspunkt marschiert.

Die Ruine Blumenegg liegt versteckt mitten im Wald.

Tour 18

In die Bürser Schlucht
Spielmöglichkeiten im Bachbett

Bürs	Kohlplätze	Bürs	1½ Std.
¾ Std. ↗ 100 Hm	¾ Std. ↘ 100 Hm		↗ 100 Hm ↘ 100 Hm

Charakter: Man wandert man auf schmalem, aber gepflegtem Steig.
Zeit: 1½ Std.
Höhenunterschied: etwa 100 Hm
Ausgangspunkt: Bürs, Gemeindeamt
Anfahrt: A 14 bis Ausfahrt Bludenz-Bürs. Wir fahren ins Zentrum und halten uns vor dem Alvierbach links. Vorbei am Gemeindeamt kommt man zum ehemaligen Elektrizitätswerk, wo es Parkplätze gibt.
Öffentliche Verkehrsmittel: mit der Linie 81 nach Bürs-Gasthaus Adler
Auskünfte: Tourismusbüro Bürs, Tel. 05552/62617
Einkehrmöglichkeit: Bürs

> Zu den grandiosesten Schluchten Vorarlbergs gehört die 200 m tiefe Bürser Schlucht, durch die der Alvierbach tost. Man kann, vor allem am Anfang, immer wieder hinab ins Bachbett gehen. Hier können die Kinder zwischen den großen Steinen und mächtigen Felsbrocken oder im Sand spielen. Diese kurze Wanderung ist ideal, wenn man einen schönen Tag am Wasser verbringen will. Größere Kinder kann man mit der Aussicht auf eine „Wanderung durch die Erdgeschichte" locken, denn wir kommen an einigen Tafeln des Lehrweges vorbei, auf denen Interessantes zur Geologie zu lesen ist. Vor allem die Tuffbildung an den kleinen Quellen unterwegs oder die mächtigen Nagelfluhfelsbrocken – das Bürser Konglomerat – sind interessant. Konglomeratgestein (oder Nagelfluh) sieht aus wie Beton mit eingegossenem Geröll (siehe auch S. 41).

Wegverlauf

Gleich hinter dem Elektrizitätswerk beginnt die Schlucht. Sie empfängt uns mit einer kurzen Strecke, auf der riesige Felsbrocken aus Konglomeratgestein den Weg versperren – man muss zwischen ihnen hindurchschlüpfen. Das Felslabyrinth links und rechts des Weges verlockt zum Spielen, Entdecken

Spielen am Bach zählt zu den schönsten Freizeit- und Ferienerlebnissen.

und Verstecken. Nach etwa zehn Minuten kommt man zu einer Stelle, an der kleine Zuläufe Quelltuff (zur Entstehung von Quelltuff siehe S. 38) bilden und sich somit selbst eine Rinne aufbauen. Man kann immer wieder direkt ans Bachbett gelangen, was den Kindern besonders gefallen wird. Nach weiteren zehn Minuten überqueren wir zwei Brücken, die erst nach links, dann nach rechts über den Bach führen. Hier sehen wir auch den wildesten Teil der Schlucht, in dem riesige

Der eindrucksvollste Platz der Schlucht ist bei den Brücken.

Felsblöcke im Bachbett liegen. Auch vor den Brücken kann man hinunter zum Bach gelangen und sogar bis unter die erste Brücke gehen.
Danach steigt der Weg etwas steiler an. Nach etwa fünf Minuten sind wir am Kohlplätzle, unserer „Endstation". Zurück gehen wir denselben Weg.
Mit größeren Kindern kann man die Tour noch zu einer Rundwanderung ausdehnen, die etwa eine Stunde zusätzlich beansprucht. Hierzu geht man vom Kohlplätzle weiter in Richtung „Spial", einer Lichtung mit Lärchen und Eichen. An der Kreuzung an ihrem Ende behalten wir unsere Richtung bei und kommen nach rund zwei Minuten zu einem Querweg. Hier halten wir uns rechts, spazieren an einer weiteren Lichtung vorbei und orientieren uns nach fünf Minuten an einer Verzweigung links. Nun geht es auf einem schmalen Pfad hinab ins Kuhloch, das durch mächtige Felsformationen beeindruckt. Danach wandern wir in rund fünf Minuten auf breitem Weg hinab zur Straße und zum Platzgufel. Wir gehen ein paar Meter entlang der Straße, dann nehmen wir den nach rechts abzweigenden Pfad, der uns in zehn Minuten im Zickzack steil bergab zur Zufahrtsstraße nach Bürs bringt.

Der Kesselfall im Brandnertal
Gemütliche Tour zum rauschenden Wasserfall

Tour 19

Alpenregion Bludenz

Brand	Kesselfall	Brand	2½ Std.
			↗ 180 Hm
1½ Std.	1 Std.		↘ 180 Hm
↗ 180 Hm	↘ 180 Hm		

Charakter: Man wandert vor allem auf asphaltierten und geschotterten Wegen und Sträßchen. Vor allem wegen der Kürze und dem Alvier-Bad ist diese Tour auch für Kinder interessant.
Zeit: 2½ Std.
Höhenunterschied: etwa 180 Hm
Ausgangspunkt: Brand, Parkplatz bei der Talstation der Niggenkopfbahn

Anfahrt: auf der A 14 oder B 190 bis Ausfahrt Bludenz-Nüziders, weiter in Richtung Bludenz, dann der Beschilderung ins Brandnertal folgen.
Öffentliche Verkehrsmittel: mit der Linie 81 nach Brand-Niggenkopfbahn
Auskünfte: Brand Tourismus, Tel. 05559/5550
Einkehrmöglichkeit: Brand

Wer zum Wandern ins Brandnertal fährt, hat wohl meist den Lünersee zum Ziel. Unsere gemütliche Wanderung führt jedoch zum mächtigen Kesselfall, der seit 1945 geschützt ist. Höhepunkt dieses Ausflugs wird für Kinder aber vermutlich das Alvier-Bad sein. Der kleine See in der Anlage wird nur mit Trinkwasser gespeist und ein Regenerationsbereich mit zahlreichen Wasserpflanzen reinigt und filtert das Wasser biologisch. Besonders interessant ist natürlich der Kindererlebnisbereich. Er umfasst mehrere hundert Quadratmeter und wird durch eine Wasserrinne mit Quellwasser gespeist, mehrere große Kinderbecken sind durch kleine Wasserläufe miteinander verbunden und enden in einer kurzen „Raftingstrecke". Im Frühsommer schwimmen Kaulquappen im Wasser. Es gibt auch einen Abenteuerspielplatz und einen Beachvolleyballplatz.

Wegverlauf
Vom Parkplatz spaziert man in fünf Minuten zum Gemeindezentrum und biegt hier nach links in Richtung „Kneippanlage" ab. Man kann auch am südlichen Ortsausgang auf verschiedenen Parkplätzen parken, dann geht man zurück zum Ge-

Ein Mühlrad und spritzendes Wasser sind immer interessant.

meindezentrum und hält sich hier rechts.
Auf einem Schotterweg und vorbei an einer alten Mühle kommen wir hinab zur Kneippanlage, die sich vor dem Gelände des Alvier-Bades befindet. Wir biegen nach der Kneippanlage nach rechts ab und gehen an der parkartigen Anlage vorbei. Gleich nach dem Alvier-Bad und vor der Reitanlage biegen wir erst nach links, nach dem Bach nach rechts in den Brüggaweg ab. Bis zum Wasserfall queren nun von links immer wieder Zuflüsse

den Weg, deren Bachbett mit ihren großen Steinen Kinder zum Spielen lockt. Nach etwa zehn Minuten geht der asphaltierte Weg in einen Schotterweg über, wechselt aber fünf Minuten später wieder in ein Asphaltsträßchen. Rund fünf Minuten danach halten wir uns bei einer Verzweigung links auf einen geschotterten Weg, der uns durch ein kleines Waldstück führt. Hier sehen wir auch mächtige Felsbrocken, die vor langen Jahren vom Berg herabgestürzt sind. Nun steigt der Weg etwas steiler an.

Rund zehn Minuten später werden wir nach einer Scheune nach rechts auf einen schmalen Pfad verwiesen und kommen gleich darauf zu der Brücke, die vor dem Wasserfall über den Bach führt. Nach ihr geht es erst auf einem schmalen Pfad, dann auf einem breiten Weg hinab zur Straße, auf der wir in rund einer halben Stunde zurück zum Ausgangspunkt wandern.

Alvierbach und Kesselfall

Der Alvierbach hat sich seit der letzten Eiszeit im Laufe von 10.000 Jahren etwa dreißig Meter tief in das Gestein aus Hauptdolomit eingeschliffen. Dieser Dolomit entstand als Ablagerung des ehemaligen Meeres und lag 100 Millionen Jahre verborgen unter der Erdkruste. Das Deckgestein wurde dann in der Eiszeit von den Gletschern abgeschliffen. Die Klamm ist nur wenige Meter breit und weist zwei Wasserfälle und große Strudeltöpfe auf. Der Kesselfall stürzt in mehreren Sektionen zwischen mächtigen Felsbrocken herab. Unterhalb der Brücke fließt er etwas gemäßigter durch verschiedene Kolke weiter.

Kolke, auch Strudeltöpfe genannt, sind kesselförmige Höhlungen im Fels, die durch das Drehen des Wassers und das Schleifen der mitgeführten Sande ausgeschliffen wurden.

Tour 20: Der Lasanggabach mit Wasserfall
Wasserspaß für Groß und Klein

Marul	Lasanggabach	Marul	1½ Std.
	¾ Std. ↘ 150 Hm	¾ Std. ↗ 150 Hm	↗ 150 Hm ↘ 150 Hm

Charakter: gemütlicher Spaziergang auf Güterwegen, einem Sträßchen und am Bach entlang auf steinigem Pfad
Zeit: 1½ Std.
Höhenunterschied: etwa 150 Hm
Ausgangspunkt: Marul, Parkplatz unterhalb der Kirche
Anfahrt: auf der B 193 ins Große Walsertal und nach der großen Brücke hinter Raggal nach rechts abbiegen
Öffentliche Verkehrsmittel: mit der Linie 78 nach Marul-Kirche
Auskünfte: Großes Walsertal Tourismus, Tel. 05554/5150
Einkehrmöglichkeit: Marul

Wenn man Kindern an einem heißen Sommertag einen ausgefüllten Tag bieten will, von dem sie noch lange schwärmen, dann sollte man diese Tour unternehmen. Sie ist zwar als Wanderung recht kurz, dafür ist das Ziel umso kindergerechter: Man kommt zu einem Wildbach mit vielen Spielmöglichkeiten, zum Baden findet man ein aufgestautes Seelein, es gibt Spielgeräte und ein Wasserfall ist auch in der Nähe. Außerdem gibt es Bänke, Tische und eine Grillmöglichkeit.

Wegverlauf

Vom Parkplatz aus folgen wir der taleinwärts führenden und gemächlich ansteigenden Straße ungefähr eine Viertelstunde, bis nach rechts ein Schotterweg abzweigt. Auf ihm gehen wir in Richtung „Unter Hof" bergab. Nach etwa zehn Minuten knickt der Weg nach rechts ab und bringt uns hinab ins Bachbett des Lasanggabaches.

Wir überqueren ihn, halten uns dahinter rechts und stehen gleich vor der kleinen Freizeitanlage mit dem Seelein, dem Bachbett und dem links davon befindlichen Wasserfall. Hier lässt sich ein heißer Sommertag aushalten, denn auch wer Schatten sucht, findet ihn unter den Bäumen.

Um zum Ausgangspunkt zurückzukommen, folgen wir dem Bach weiter. Nach ungefähr fünf Minuten überqueren wir ihn nach rechts, weitere fünf Minuten später nehmen wir den Güterweg, der parallel zur Schlucht hinaufzieht. Anfangs im Wald, dann durch Wiesen, marschieren wir in insgesamt gut einer halben Stunde zurück zum Parkplatz. Für Kinder, die noch nicht genügend gespielt haben, gibt es auf der anderen Straßenseite einen kleinen Spielplatz mit Geräten.

> #### Der Wasserfall
>
> Der Wasserfall wird vom Elsbach gebildet, der von der rund 1600 m hoch liegenden Elsalp kommt. Auf einer rund 2,5 km langen Strecke überwindet er einen Höhenunterschied von rund 700 m, allerdings verläuft er die ersten 1,5 km recht flach, so dass sich das Gefälle auf den letzten Kilometer konzentriert, wo der Bach in insgesamt fünf Fällen hinabstürzt. Auf dem Weg von der Straße hinab ins Bachbett sieht man rechts die weiter oben liegenden Sektionen, unten ist dann nur noch das kurze Reststück zu sehen, das als starker Strahl herabstürzt.

Tour 21: Bad Rotenbrunnen und Kessanaschlucht
Ein ehemaliges Kurbad und wilde Bäche

Buchboden	Kessannaschlucht	Bad Rotenbrunnen	Buchboden	2 Std.
¾ Std. ↘ 100 Hm	¼ Std. ↗ 50 Hm	¼ Std. ↘ 50 Hm	¾ Std. ↗ 100 Hm	↗ 150 Hm ↘ 150 Hm

Charakter: Gemütliche Tour auf festen Wirtschaftswegen, nur das kurze Stück entlang des Matonawasserfalls verläuft auf einem Steig. Im Bereich der Kessanaschlucht muss man an den Steilabbrüchen gut auf Kinder aufpassen, ansonsten gefahrlos.
Zeit: 2 Std.
Höhenunterschied: etwa 150 Hm
Ausgangspunkt: Buchboden, Parkmöglichkeiten bei der Kirche
Anfahrt: A 14 bis Ausfahrt Bludenz-Nüziders oder Nenzing, dann weiter in Richtung Thüringen, in Ludesch abbiegen auf die B 193 in Richtung Bregenzerwald. Nach Sonntag nach rechts abbiegen nach Buchboden.
Öffentliche Verkehrsmittel: mit den Linien 78 und 77 nach Sonntag-Seilbahn Stein, dann umsteigen zur Linie 77a nach Buchboden
Auskünfte: Großes Walsertal Tourismus, Tel. 05554/5150
Einkehrmöglichkeiten: Buchboden, Bad Rotenbrunnen (falls geöffnet)
Sonstiges: Wer mit dem Auto ein Stück ins Tal fahren will, bezahlt beim Café Gasthof Jäger in Buchboden Maut.

Wild rauscht das Wasser der Lutz um die riesigen Felsklötze.

Eine schöne Wasser-Tour für Kinder: In der Schlucht kann man an einigen Stellen direkt am Bachbett spielen und es gibt einen Wasserfall.
Bei der stufenartig fallenden Kessanaschlucht hat die Lutz seit der Eiszeit vor 10.000 Jahren ein rund 250 Meter langes Tal geschaffen. Dabei hat sie sich in den Kalkfels eingegraben, um einen mächtigen, quer durch das Tal laufenden Felsriegel zu überwinden. Sie bildet dabei verschiedene Wasserfälle, an deren Fuß sich große, runde Strudeltöpfe befinden, die durch das drehende Wasser und die schleifende Wirkung mitgeführter Steine kreisrund ausgeschliffen wurden. Der Name der Schlucht kommt von diesen „Kesseln". Seit 1992 ist die Schlucht als Naturdenkmal ausgewiesen.

Wegverlauf

Wir spazieren auf dem Sträßchen in Richtung „Bad Rotenbrunnen" aus dem Dorf hinaus. Es geht erst hinab ins Tal der wild rauschenden Lutz, dann eben weiter. Nach zwanzig Minuten sind wir an der Báribrücke, an der Verzweigung danach bleiben wir links, unten im Tal in Richtung „Kessanaschlucht". Nach einer Viertelstunde sehen wir links im Bachbett große

Zum Matonawasserfall geht es auf schmalem Steig.

Felsbrocken. Hier gibt es einige hübsche Sandbänke, auf denen man grillen und Kinder spielen lassen kann. Zurückgekehrt auf den Güterweg sehen wir eine Beschilderung, die nach rechts in Richtung „Matonawasserfall, Bad Rotenbrunnen" weist. Hier fließt von rechts der Zufluss des Matonabaches in den Lutzbach, und auch hier gibt es im Bachbett Spielmöglichkeiten. An dieser Abzweigung gehen wir später nach rechts weiter, erst folgen wir dem Güterweg aber noch rund zehn Minuten zur Kessanaschlucht.

Anschließend kehren wir wieder zum Matonabach zurück und

folgen ihm an seiner rechten Seite nach links hinauf. Wir kommen zum bereits sichtbaren untersten Matonawasserfall. Wenn wir dem Steig weiter folgen, sehen wir gleich danach zwei weitere Fälle. Der Pfad knickt nach rechts ab und bringt uns, nun als breiterer Weg, in drei Minuten zu einem Forstweg, in den wir nach links einschwenken. In rund zehn Minuten sind wir bei dem ehemaligen Kurhaus Bad Rotenbrunnen. Rechts von dem Gebäude sehen wir tuffbildende Wasserrinnsale, die in den Matonabach fließen.

Für den Rückweg folgt man dem Güterweg zur Bäribrücke und spaziert ab hier auf bekanntem Weg zurück nach Buchboden. Wer die Tour verlängern will, kann vom Bad Rotenbrunnen aus ins Naturschutzgebiet Gadental zur Gadenalpe und zum Wasserfall des Matonabaches wandern (bis zur Gadenalpe etwa 1 Stunde, Höhenunterschied: 300 Hm)

Bad Rotenbrunnen und Matonabach

Einst trieb ein Hirte seine Herde in die Gegend, wo heute die Quelle gefasst wird. Verärgert wegen der Unfruchtbarkeit und Kargheit der Landschaft zürnte er mit Gott. Da zog unter rollendem Donner und hell leuchtenden Blitzen ein Unwetter heran. Als der Hirte vor dem strömenden Regen einen Unterschlupf suchen wollte, stürzte er auf dem nassen Boden und verletzte sich so schwer am Fuß, dass er nicht mehr weiter kam und hilflos dalag. Da wurde es inmitten der dunklen Gewitterwolken hell und die Muttergottes trat zwischen den Tannen hervor. Sie neigte sich zum Hirten nieder und sprach: „Beklag dich nie mehr über die göttlichen Werke. Bade dein verletztes Glied dort in der Quelle, die silberfarben aus rotem Gesteine hervorsprudelt." Darauf war sie verschwunden. Der Hirte kroch gläubig zur Quelle hin, badete den verletzten Fuß und fühlte sogleich die wohltätige Kraft dieses Heilwassers. Er erzählte allen von seinem Erlebnis mit der heilsamen Quelle und es kamen andere Kranke, die Heilung durch das rötliche Wasser suchten. Man baute ein Badhaus und nannte die Quelle den „roten Brunnen". Der Wildbach hieß seither „Madonnenbach".

Tour 22

Fritzensee – Faulensee – Torasee
Drei Seen und ein Bergwerk

Bartholomäberg	Fritzensee	Torasee	Bartholomäberg	2½ Std.
1¼ Std. ↗ 480 Hm	½ Std. →	¾ Std. ↘ 480 Hm		↗ 480 Hm ↘ 480 Hm

Montafon

Charakter: Anfangs und am Schluss wandert man je etwa eine halbe Stunde auf Steigen, der Rest der Wanderung verläuft auf asphaltierten und geschotterten Wegen und Sträßchen.
Zeit: 2½ Std.
Höhenunterschied: etwa 480 Hm
Ausgangspunkt: Bartholomäberg, Parkplatz bei der Kirche
Anfahrt: auf der B 188 ins Montafon und in Schruns abbiegen nach Bartholomäberg
Öffentliche Verkehrsmittel: mit der Montafonerbahn nach St. Anton, umsteigen auf die Buslinie 84 nach Bartholomäberg-Kirche
Auskünfte: Tourismusbüro Bartholomäberg, Tel. 05556/73101
Einkehrmöglichkeiten: Bartholomäberg, während der Öffnungszeiten kann man auch beim Bergwerk kleine Jausen und Getränke kaufen.
Sonstiges: Öffnungszeiten des Bergwerks: Mitte Juni bis Mitte Oktober Mi, Fr und So 13–17 Uhr (Infos beim Tourismusbüro). Gegenüber dem Parkplatz bei der Kirche befindet sich ein schöner Spielplatz.

Die drei kleinen Bergseen, die wir bei dieser Tour besuchen, liegen an den Hängen der Montafoner Bergwelt in Mulden eingebettet. Sie weisen kein klares Wasser auf, sondern sind im Sommer dicht von Wasserpflanzen bewachsen, was Gelegenheit gibt, zahlreiche Libellen zu beobachten. Der Weg verläuft durch duftende und aussichtsreiche Blumenwiesen, die einen Blick auf die alpine Welt des Rätikons mit Zimba und Schesaplana sowie der Silvrettagruppe ermöglichen. Außerdem kommt man an schönen alten Holzhäusern und Heustadeln vorbei. Berücksichtigt man die Öffnungszeiten des Bergwerks, kann man außerdem noch in die Welt der Bergknappen eintauchen.

Wegverlauf

Wir folgen dem Schild „Historisches Bergwerk" der Straße westwärts und biegen in die nächste Straße nach rechts ein („Fritzensee 45 Minuten"). Nach fünf Minuten bergauf halten

Der kleine Faulensee schmiegt sich am Wegrand in eine Mulde.

Bergbau

Auf beiden Seiten des Kristbergsattels und an den Hängen von Bartholomäberg wurde einst Eisen, Kupfer und Silber abgebaut. Erste urkundliche Hinweise gibt es bereits aus dem 9. Jh. Die Blütezeit des Bergbaus war jedoch im 15. Jh. Die Abraumhalden des Bergbaus prägen noch heute das Landschaftsbild. Nach der Entdeckung Amerikas (1492) kam es zu großen Silbertransporten aus der Neuen Welt. Bald lohnte es sich nicht mehr, die wenig ergiebigen Erzgänge im Montafon und Klostertal auszubeuten. Ab 1550 nahm die Bergbautätigkeit rapide ab und wurde Anfang des 17. Jh. eingestellt.

Der Bergbau fand im Untertageabbau statt und wurde in Kriechgängen mit Hammer und Meißel bewältigt, Licht gaben dabei Kienspäne. Das abgebaute Material schleiften die Knappen in Ziegenhäuten ins Freie. Dann wurde das Erz händisch vom tauben Gestein getrennt, mit wasserbetriebenen Pochern zerkleinert und ins Tal (Schruns, Silbertal, Danöfen) zur Weiterverarbeitung gebracht. Dort wurde es in einfachen Öfen verhüttet, teilweise auch zur Verhüttung nach Schwaz und Brixlegg in Tirol gebracht. Man kann in den Wiesen noch gut die alten Stolleneingänge und Abraumhalden entdecken. Ein Stollen wurde als historisches Bergwerk wieder zugänglich gemacht.

Der Weg führt an idyllischen Maisäßen vorbei, dabei hat man immer wieder traumhaft schöne Ausblicke auf die Montafoner Bergwelt.

wir uns an der Abzweigung in Richtung „Fritzensee" rechts und folgen ihr nach rund sieben Minuten nach links.
Fünf Minuten später knickt die Straße nach rechts ab, gleich danach zweigen wir nach links in Richtung „Bergwerk" ab. Nun geht es einige Zeit auf einem Steig durch Wald und über Wiesen steil bergauf. Fünf Minuten später kommen wir zu einem Holzhaus, wir halten uns links und gleich danach vor Haus Nr. 4 rechts; nach ihm gehen wir wieder nach links hinauf in die Wiesen. Nach weiteren fünf Minuten erreichen wir wieder ein Haus, hier gehen wir auf dem Schotterweg auf den Wald zu. Vor dem Haus zweigen wir nach links auf einen Pfad ab, überqueren eine Asphaltstraße und folgen dem Schild „Fritzensee" in den Wald. Knapp zehn Minuten später verlassen wir vor einer großen Wiesenfläche den Wald. Hier finden wir ein Schild zum Thema „Bergbau als Landschaftsgestalter" und gehen über die Wiese etwas nach rechts zu dem Holzhaus des Bergwerks.
Links des Gebäudes führt unser Wanderweg weiter. Er bringt uns in einer Viertelstunde hinauf zum Fritzensee. Ab nun folgen nur noch kleinere Steigungen, ansonsten führt der Weg relativ eben weiter. Wir gehen auf einem geschotterten Güterweg rechts am See vorbei und wandern nach fünf Minuten an einer Abzweigung geradeaus weiter in Richtung „Inner-

> **Tipp**
>
> Empfehlenswert ist ein Besuch der barocken Pfarr- und Wallfahrtskirche in Bartholomäberg. Sie zählt zu den schönsten Kirchen des Montafons.

berg". Eine Viertelstunde später erreichen wir den Faulensee, ein kleines, von Hügeln umgebenes Seelein. Nach zwanzig Minuten sehen wir rechts unterhalb von ein paar Gebäuden den Torasee, zu ihm kommt man allerdings nicht hin.

Der Weg wird nun schmäler und bringt uns in knapp zehn Minuten zu einer Abzweigung, an der wir uns mit dem Schild „Bartholomäberg 50 Min." rechts halten. Nun geht es, immer gut beschildert, auf einem Pfad ständig bergab. Gut zwanzig Minuten später treffen wir auf das Ende eines nach links abgehenden Schotterweges. Wir behalten unsere Richtung bei, treffen aber drei Minuten später doch auf ihn und halten uns rechts (nicht den links unterhalb verlaufenden Pfad nehmen!). Nach fünf Minuten kommen wir zu einer Asphaltstraße, in die wir nach rechts einbiegen. Nun haben wir wieder einen herrlichen Ausblick, nach links ins Silbertal, geradeaus in die Bergwelt des Rätikons.

Wir folgen diesem Sträßchen (Riederhofweg), bis wir auf eine Querstraße treffen, die wir schon vom Beginn her kennen (Roferweg). Auf ihr gehen wir zehn Minuten nach links hinab zum Ausgangspunkt.

Tour 23: Durchs Silbertal
Ein Hochmoor und viele Wasserfälle

Bergstation	Wildried	Fellimännle	Talstation	3½ Std.
1¾ Std. ↗ 240 Hm	¾ Std. ↘ 400 Hm	1 Std. ↘ 250 Hm ↗ 30 Hm		↗ 270 Hm ↘ 650 Hm

Charakter: einfache Wanderung auf Wirtschaftswegen
Zeit: ganze Strecke 3½ Std., von der Bergstation bis zum Wildried 1¾ Std., von der Talstation bis zum Gasthof Fellimännle 2½ Std.
Höhenunterschied: ganze Strecke etwa 270 m, von der Bergstation bis zum Wildried etwa 240 m, im Tal bis zum Gasthof Fellimännle etwa 250 m
Ausgangspunkt: Silbertal, Bergstation der Kristbergbahn
Anfahrt: auf der B 188 ins Montafon, in Schruns in Richtung Silbertal abbiegen
Öffentliche Verkehrsmittel: mit der Montafonerbahn nach Schruns, dann umsteigen auf die Buslinie 88 nach Silbertal-Kristbergbahn
Auskünfte: Silbertal Tourismus, Tel. 05556/74112; Kristbergbahn, Tel. 05556/74119
Einkehrmöglichkeiten: Silbertal, bei der Bergstation, bei der St.-Agatha-Kapelle, Hasahüsli, Fellimännle
Sonstiges: Man kann die Strecke auch mit dem Rad abfahren (Achtung bei den Steilstrecken!). Der Weg ist auch für Kinderwagen geeignet, allerdings ziemlich lang. Schöner Spielplatz beim Gasthaus Fellimännle. Bergbaumuseum im Gemeindehaus.

Bei dieser erlebnisreichen Wanderung auf dem Kristberg haben Eltern mit Kindern viele Variationsmöglichkeiten. Die vollständige Tour führt erst auf einem Höhenweg, durch Wald, vorbei an Aussichtspunkten, Quellen und Brunnen zu einem Moor, dann hinab ins Silbertal und zurück entlang der wild rauschenden Litz.
Nach der Tour bietet sich ein Besuch des interessanten Bergbaumuseums in Silbertal an. Hier kann man eine Silbertaler Bergbaumünze selbst prägen.
Wer nicht die ganze Tour wandern will, kann entweder ab der Bergstation bis zum Wildried oder im Tal bis zum Gasthaus Fellimännle gehen, beide Strecken sind für Groß und Klein gleichermaßen interessant. Zurück geht man jeweils denselben Weg.

Wegverlauf

Von der Bergstation aus halten wir uns erst links und spazieren in fünf Minuten zur St.-Agatha-Kapelle. Anschließend gehen wir zurück und an der Bergstation vorbei. Man kann den Weg nicht verfehlen. Leicht ansteigend spazieren wir auf dem Güterweg, haben oft einen schönen Blick ins Tal und in Richtung Bartholomäberg und kommen an verschiedenen Brunnen und Quellen vorbei. Rund fünfzig Minuten nach der Bergstation erreichen wir den Aussichtspunkt Wildried, fünf Minuten später sind wir am Wildried, das mit einer Höhenlage von 1550 Metern zu den höchstgelegenen Hochmooren Europas zählt. Die Wiese verlockt zu einer Pause, es gibt hier auch eine Bank.

Anschließend geht es abwärts. An einer Verzweigung halten wir uns rechts, zehn Minuten später erreichen wir das Wasserstubental mit dem Burtschabach, wo wir scharf nach rechts abbiegen. Nun folgen wir dem meist bergab führenden Weg. Unterwegs kommen wir am Gretschbach-Wasserfall vorbei.

St.-Agatha-Kapelle

Die St.-Agatha-Kapelle ist die älteste Kirche im Montafon. Sie wurde 1405 erstmals erwähnt und soll über einem eingestürzten Bergstollen stehen. Die Kapelle wurde von den verunglückten, aber geretteten Knappen erbaut. Sie lösten damit ihr Gelübde an ihre Schutzpatronin, die hl. Agatha, ein, das sie für ihre Rettung abgegeben hatten. Schon in alten Aufzeichnungen ist zu lesen, dass es an der nördlichen Seitenwand der Kapelle einen großen, grauen Fleck gab. Und so stand es noch in den achtziger Jahren des 20. Jahrhunderts in Schulbüchern. Bei Entfeuchtungsarbeiten im Jahre 1992 legte man dann hinter diesem Fleck tatsächlich einen alten Stolleneingang frei. So hat sich eine alte Legende bewahrheitet. Da hier der Silberbergbau vorherrschte, soll in einer der Glocken der Kapelle Silber eingegossen sein. Die Kapelle ist zwar verschlossen, man kann aber vom Vorraum aus in das Innere mit den wertvollen Kunstschätzen sehen.

Das Wildried ist eines der höchstgelegenen Hochmoore in Europa.

Danach können wir den Wirtschaftsweg mehrmals auf einem Steig abkürzen. Wir kommen am Gasthof Hasahüsli vorbei, eine Viertelstunde später haben wir das Gasthaus Fellimännle im Litztal erreicht. Hier finden die Kinder einen schönen Spielplatz.
Anschließend folgen wir dem Sträßchen nach rechts. Man kann immer wieder auf einen ausgeschilderten Wanderweg ausweichen. Die neben uns fließende Litz ist hier ein wild schäumender Wildbach, der immer wieder kleine Wasserfälle bildet und sich zwischen Felsbrocken hindurchzwängen muss. Rund eine Dreiviertelstunde nach dem Gasthaus kommen wir zum Teufelsbach-Wasserfall; wer mit dem Rad unterwegs ist, muss hierher einen kurzen Abstecher zu Fuß machen. Eine Viertelstunde später sind wir bei der Talstation.

Litz

Die Litz trieb früher Hammerwerke und Wassermühlen an. Vor allem Sensen wurden hier produziert, die bis nach Deutschland, Frankreich und Böhmen exportiert wurden. Die rund zwanzig Kilometer lange Litz ist einer der mächtigsten Nebenbäche der Ill. Sie brachte früher den Bewohnern öfters Hochwasser und Vermurungen.

Tour 24

Zur Lindauer Hütte
Gemütliche Hangwanderung zum Alpengarten

Bergstation	Lindauer Hütte	Talstation	4 Std.
			↗ 300 Hm
1¾ Std.	2¼ Std.		↘ 1050 Hm
↘ 230 Hm	↘ 820 Hm		
↗ 300 Hm			

Montafon

Charakter: Man wandert auf einem Steig, die letzte Stunde auf Sträßchen.
Zeit: 4 Std.
Höhenunterschied: etwa 300 Hm bergauf, etwa 1050 Hm bergab
Ausgangspunkt: Tschagguns-Latschau, Bergstation der Golmerbahn
Anfahrt: auf der B 188 ins Montafon und in Tschagguns nach rechts abbiegen. Der Weg zur Bahn ist beschildert.
Öffentliche Verkehrsmittel: mit der Montafonerbahn nach Schruns, dann umsteigen auf die Ortsbuslinie 1 nach Latschau-Golmerbahn
Auskünfte: Schruns-Tschagguns Tourismus, Tel. 05556/721660
Einkehrmöglichkeiten: Tschagguns, Latschau, Lindauer Hütte, Gauen
Sonstiges: Bei der Lindauer Hütte gibt es einen gepflegten Alpengarten, der seine schönsten Blüten im Frühsommer und im Sommer zeigt.

Bei dieser Tour wandern wir auf einem gut zu gehenden Steig von der Bergstation der Golmerbahn zur Lindauer Hütte. Dies wird auch Kindern gefallen, da es meist bergab geht und man an einigen Wegstücken mit von Bergstürzen stammenden Felsbrocken vorbeikommt. Auch der Blick auf die mächtigen Drei Türme (2830 Hm) ist beeindruckend. Bei der Lindauer Hütte kann man einen interessanten Alpengarten besichtigen. Zurück wandern wir durchs Gauertal.

Wegverlauf

An der Bergstation ist der Weg zur Lindauer Hütte bereits mit 1¾ Std. angeschrieben. Wir folgen dem hinter der Station nach links ziehenden Pfad, der mit leichtem Bergauf und vor allem Bergab den Hang entlangführt. Besonders schön ist es im Frühsommer, wenn die Alpenrosen blühen. Bald haben wir auch schon einen prächtigen Blick auf das Massiv der Drei Türme und die links davon liegende Drusenfluh.

Nach einer Stunde sind wir an der Latschätzalpe. Nun wandern wir fünf Minuten aufwärts, dann geht es wieder abwärts

Der beeindruckende Blick auf die mächtigen Drei Türme

bis zur Lindauer Hütte. Die direkt unterhalb der Drei Türme liegende Alpenvereinshütte wurde 1899 erbaut.
Nun könnte man den Weg wieder zurückgehen (knapp 2 Stunden, etwa 340 Höhenmeter aufwärts). Schöner ist es jedoch, durch das Gauertal zurückzuwandern. Der Weg ist zwar etwas länger (2¼ Stunden), dafür geht es aber nur bergab.
Wir folgen dem Fahrsträßchen für rund fünf Minuten bis zu einer Verzweigung, wo wir uns nach links in Richtung „Untere Sporeralpe" halten. Zu ihr wandern wir nun in zwanzig Minuten auf einem Steig. An der Alpe werden wir auf einen nach links abzweigenden Wiesenweg verwiesen. Nach zwanzig Minuten erreichen wir die Untere Latschätzalpe, fünf Minuten danach an einer Kreuzung mehrerer Wege gehen wir geradeaus weiter. Nach einer Dreiviertelstunde durchwandern wir die Ansiedlung Gauen.
Wir spazieren weiter geradeaus, bis unser Güterweg in ein Asphaltsträßchen mündet, gleich danach biegen wir nach links in Richtung „Talstation" ab, die wir nach rund 20 Minuten erreichen.

Der Balbierfall
Spielen und grillen am Wasserfall

Tour 25

Talstation	Wasserfall	Frohe Aussicht	Innerziggam	Talstation	2 Std.
½ Std. ↗ 160 Hm	¼ Std. ↗ 70 Hm	¾ Std. ↘ 150 Hm	½ Std. ↘ 120 Hm ↗ 40 Hm		↗ 230 Hm ↘ 270 Hm

Charakter: Wanderung auf Wald- und Wiesenwegen sowie Sträßchen
Zeit: erster Teil 1¾ Std., zweiter Teil 1 Std. Kurzer Zugang zum Wasserfall ¼ Std., Erweiterung zur Frohen Aussicht 20 Min.
Höhenunterschied: erster Teil 140 Hm, zweiter Teil etwa 20 Hm, zusätzlich zur Frohen Aussicht etwa 70 Hm
Ausgangspunkt: St. Gallenkirch, Talstation der Garfreschabahn
Öffentliche Verkehrsmittel: mit der Montafonerbahn nach Schruns, dann umsteigen auf die Buslinie 85 und 87 nach St. Gallenkirch-Gant
Anfahrt: auf der Rheintalautobahn bis Bludenz, dann auf der B 188 ins Montafon bis St. Gallenkirch
Auskünfte: St. Gallenkirch-Gortipohl Tourismus,
Tel. 05557/6600-0
Einkehrmöglichkeiten: Gortipohl, St. Gallenkirch

Montafon

Der Ausflug zum mächtigen Balbierwasserfall wird Kindern garantiert Spaß machen. Der Wasserfall stürzt im Wald als starker Strahl senkrecht herab und fließt dann ein Stück weit wildbachartig über mächtige Steinbrocken weiter. Die Kinder können direkt an den Fall hingehen (auch wenn sie dabei vermutlich nass werden). Unterhalb des Wasserfalls befindet sich ein Schwemmkegel aus Gestein, Schotter und Sand, die das Wasser im Laufe der Zeit hergespült hat. Hier können Kinder nach Herzenslust am Bachbett spielen und es gibt auch einen Grillplatz. Je nach Alter der Kinder hat man die Möglichkeit, entweder in einer Viertelstunde von Gortipohl aus zum Wasserfall zu gelangen oder unterschiedlich lange Wanderungen zu unternehmen. Man kann die Tour je nach Lust und Laune erweitern und einen Abstecher zur Frohen Aussicht machen sowie durch die aussichtsreichen Wiesen nach St. Gallenkirch wandern.

Wegverlauf

Wir folgen vom Ausgangspunkt aus dem Weg entlang der Ill nach Süden. Nach etwa einer Viertelstunde sehen wir links oben Gortipohl mit seinem Kirchlein. Am nächsten Querweg, von dem aus man nach rechts zur Kneippanlage gelangen könnte, gehen wir nach links hoch zur Bundesstraße. Hier gibt es einen Parkplatz – wer nur einen ganz kurzen Spaziergang unternehmen möchte, startet hier.

Wir folgen nun erst der Alten Landstraße, dann dem Allmeinweg in Richtung „Wasserfall". Schließlich biegen wir nach rechts ab, gleich danach liegt links am Bach der idyllische Grillplatz. Fünf Minuten später sind wir am Wasserfall.

Wer den Weg verlängern möchte, kann nach rechts einen kurzen Abstecher zur Frohen Aussicht machen (angeschrieben ist ½ Stunde, so lange benötigt man aber nicht dazu). Anschließend kehrt man wieder zum Wasserfall zurück, überquert die Brücke und folgt dem Weg weiter. Es geht nach links am Bach entlang hinunter bis zu einer Brücke, hier spazieren wir nach rechts über die Wiese zu den nächsten Häusern und zwischen ihnen hindurch. Nach Haus Nr. 64a werden wir nach rechts verwiesen („Fußweg nach St. Gallenkirch"). Wir kommen zu den nächsten Häusern und folgen

An den Balbierwasserfall kommt man ganz nahe heran.

dem Sträßchen nach rechts weiter.

Nach einem querenden Bach liegt rechts die kleine Pestkapelle am Hüttner Tobel. Es lohnt sich, einen Blick in die Kapelle hineinzuwerfen. Wir folgen dem Sträßchen weiter und kommen zur Bundesstraße, etwas weiter gehen wir nach links hinab zum Parkplatz.

Man kann die Wanderung aber nochmals erweitern. Diesen zweiten Teil der Tour könnte man auch extra unternehmen, wenn man vom Parkplatz aus hoch zur Bundesstraße geht. Wir biegen hierzu von der Bundesstraße in den Hanswolfaweg ab und orientieren uns bei den letzten Häusern links am „Wiesenweg". Nun spazieren wir mit prächtiger Aussicht hoch über dem Tal durch die Wiesen, überqueren zwei Wasserläufe und danach eine Straße („Fußweg zum Zamangweg"). Schließlich kommen wir nach Innerziggam und zu einem querenden Sträßchen. Hier spazieren wir nach links hinab zur bereits sichtbaren Kirche von St. Gallenkirch.

Wir halten uns an der Kirche rechts, biegen aber gleich nach links ab. Der Weg bringt uns hinab zu einem asphaltierten Weg oberhalb des Sportplatzes. Auf ihm spazieren wir in zwanzig Minuten nach links zurück zum Ausgangspunkt.

Tipp

Die Kirche von St. Gallenkirch mit ihrer prächtigen Einrichtung in Schwarz und Gold zählt zu den schönsten Rokokokirchen Vorarlbergs. Am beeindruckendsten ist jedoch die „Armenbibel" – die reiche Freskenausstattung an der Decke von 1775. Solche Armenbibeln dienten dazu, der leseunkundigen Bevölkerung die biblische Geschichte zu erklären.

Tour 26: Zum Gafierjoch
Schneeballschlacht im Sommer

Bergstation Schafbergbahn	Gafierjoch	Bergstation	Gandasee	Bergstation	3¾ Std.
1½ Std. ↗ 320 Hm	1 Std. ↘ 320 Hm	½ Std. ↘ 130 Hm	¾ Std. ↗ 130 Hm		↗ 450 Hm ↘ 450 Hm

Charakter: einfache Tour, meist auf einem Steig. Nur kurz vor dem Gafierjoch zieht der Weg rund zehn Minuten durch steile Hänge, hier sollte man etwas aufpassen. Auch auf dem Joch sollte man immer einen Blick auf die Kinder haben, denn auf der anderen Seite geht es steil hinunter.
Zeit: zum Gafierjoch 2½ Std., zum Gandasee 1¼ Std.
Höhenunterschied: zum Gafierjoch etwa 320 Hm, zum Gandasee etwa 130 Hm
Ausgangspunkt: Gargellen, Bergstation der Schafbergbahn

Anfahrt: auf der B 188 ins Montafon und kurz vor St. Gallenkirch nach rechts nach Gargellen abbiegen, Parkplatz bei der Schafbergbahn
Öffentliche Verkehrsmittel: mit der Montafonerbahn nach Schruns, dann umsteigen auf die Buslinie 87 nach Gargellen-Schafbergbahn
Auskünfte: Gargellen Tourismus, Tel. 05557/6303
Einkehrmöglichkeiten: Gargellen, Schafberghüsli (Bergstation)
Sonstiges: gut ausgestatteter Spielplatz bei der Bergstation

Der Weg zum Gafierjoch ist auch für Kinder abwechslungsreich.

Aussicht alleine ist ja normalerweise nichts, was Kinder übermäßig begeistert. Die Tour zum Gafierjoch ist jedoch so abwechslungsreich, dass sie Kindern sicher gefallen wird. Der Schafbergsee und der Gandasee laden zum Spielen und Rasten ein. Auf dem Weg zum Joch pfeifen die Murmeltiere und mit etwas Glück findet man auch im Sommer Schneefelder, die förmlich nach einer Schneeballschlacht rufen!

Wegverlauf

Bei der Bergstation halten wir uns an der Verzweigung rechts in Richtung „Gafierjoch". In rund einer halben Stunde wandert man nun mäßig ansteigend auf einem Güterweg hoch bis kurz vor einen künstlichen See, in dem Wasser zur Beschneiung der Skipisten gesammelt wird. Vor diesem See zweigt der Weg zum Joch als Steig nach rechts ab. Unterwegs hört man immer wieder Murmeltiere pfeifen und man

Unterwegs kommt man am kleinen Schafbergsee vorbei.

sieht ihre Löcher. Auch kommt man an Steinmännchen vorbei – jedem Kind wird es Spaß machen, wenn es sie ein wenig höher bauen kann.

In einer weiteren halben Stunde steigen wir nun hoch zu einer kleinen Terrasse. Hier liegt links des Weges der kleine Schafbergsee, wo man eine Rast und Spielpause einlegen kann. Der Weg führt uns schließlich hoch zum Gafierjoch. Wenn man Glück hat, kommt man unterwegs noch an ein paar Schneeflecken vorbei, die vor allem an heißen Sommertagen zu einer Schneeballschlacht locken. Auf dem Joch werden wir mit einer herrlichen Aussicht belohnt, vor allem die vor uns liegende mächtige Rätschenfluh ist ein beeindruckendes Bergmassiv.

Zurück zur Bergstation gehen wir denselben Weg. Bei der Bergstation kann man nach rechts noch zum Gandasee absteigen. An der Verzweigung nach fünf Minuten orientieren wir uns links, nun haben wir auch schon einen schönen Tiefblick auf den See. Insgesamt brauchen wir etwa eine halbe Stunde hinab, später hinauf wieder eine gute Dreiviertelstunde. Dazwischen wird wohl eine lange Pause an dem idylli-

schen See nötig sein; auch die Felsen um ihn herum verlocken zum Spielen und Klettern.
Den Gandasee sieht man während der ganzen Wanderung immer wieder. Man kann ihn daher den Kindern von unterwegs schon „schmackhaft" machen. Zum See gibt es auch eine schöne Sage.

Prinzessin Ganda

Vor vielen hundert Jahren lebte im Obwaldschlössle die wunderschöne Prinzessin Ganda. Ihre Familie war seit langer Zeit verfeindet mit den Grafen von Wals. Eines Tages beschloss sie, zum Gafierjoch auszureiten. Unterwegs jedoch braute sich ein schreckliches Gewitter zusammen und es stürmte so sehr, dass sie in einer Höhle Unterschlupf suchte. Erschöpft schlief sie dort ein.

Als Ganda wieder aufwachte, bemerkte sie, dass sie in einem weichen Himmelbett lag, das sich in einem herrlichen Palast befand. Dies musste der Palast der Grafen von Wals sein! Rasch kleidete sie sich an und flüchtete aus dem Schlafzimmer. Sie eilte den langen Gang mit den Ahnenbildern entlang, nur von dem Gedanken, zu entfliehen, getrieben.

Da kam ihr ein junger Mann mit langen, dunklen Locken entgegen. Die beiden verliebten sich sofort ineinander. Der junge Mann erzählte ihr, wie er sie in der Höhle schlafend gefunden hatte, und fragte, wie sie heiße. Als Ganda ihm ihren Namen nannte, musste er bestürzt feststellen, dass sie die Tochter des verfeindeten Obwaldkönigs war. Nun musste er seine Pläne, sie zu heiraten, begraben. Im Gegenteil, er wusste, dass er Ganda so schnell wie möglich heimbringen musste, um einen Krieg zu verhindern. Beide waren sehr traurig und verwünschten die alte Fehde, die ohnehin mittlerweile keinen Sinn mehr hatte. Doch ihre Befürchtung wurde wahr: Es kam zum Krieg. Und der junge Prinz starb in diesem Krieg. Als Ganda von seinem Tod erfuhr, sattelte sie traurig ihr Pferd und ritt an einen Ort, wo sie ungestört weinen konnte. Und im Laufe der Zeit bildete sich aus ihren Tränen ein See, der Gandasee.

Tour 27

Um den Silvretta-Stausee
Strandleben auf über 2000 Meter Höhe

Bielerhöhe	Seeende		Bielerhöhe	2 Std.
	1 Std. →	¼ Std. ↗ 100 Hm	¾ Std. ↘ 100 Hm	↗ 100 Hm ↘ 100 Hm

Montafon

Charakter: um den See guter Weg
Zeit: 2 Std.
Höhenunterschied: etwa 100 Hm
Ausgangspunkt: Bielerhöhe
Anfahrt: von Bludenz aus auf der B 188 ins Montafon und auf der Silvretta-Hochalpenstraße hochfahren bis zum Stausee
Öffentliche Verkehrsmittel: mit der Montafonerbahn nach Schruns, dann umsteigen auf die Buslinie 85 nach Bielerhöhe-Silvrettasee
Auskünfte: Silvretta Partenen Tourismus, Tel. 05558/83150, Auskunft Motorbootbetrieb, Tel. 05556/701-83167
Einkehrmöglichkeit: Bielerhöhe

Ein Besuch des Silvretta-Stausees auf der Bielerhöhe ist ein „Muss" für alle Vorarlberg-Besucher. Auch Kindern wird es hier gefallen. Nicht nur, dass man auf dem See mit dem Motorboot fahren kann – es ist übrigens der höchstgelegene Passagiermotorbootbetrieb Europas –, um ihn führt ein schöner Wanderweg, der auch für kleine Kinder gut zu gehen ist, und etwa in der Mitte findet man einen „Sandstrand" mit mächtigen Felsklötzen, an dem man eine lange Spielpause einlegen kann.

Wegverlauf

Der See-Rundweg ist nicht zu verfehlen. Wer sich etwas gönnen will, fährt mit dem Motorboot erst rund um den See, was etwa 25 Minuten beansprucht. Oder man setzt auf die andere Seite über und spaziert dann auf der linken oder rechten Seite zurück.

Da der Weg aber nicht allzu lang ist, sollten wir ihn abwandern. Wir beginnen am besten auf der Ostseite, wo wir zuerst am 733 Meter langen Bieler Damm entlangwandern. Nach rund zwanzig Minuten stürzt von links ein mächtig schäumender Gebirgsbach in den See. Nach weiteren rund zwanzig Minuten sind wir am Ochsental. Hier fließt die Ill als wilder Gebirgsbach in den See. Sie hat einen „Sandstrand" angeschwemmt, der zusammen mit dem Bachbett ein idealer Platz für eine Rast ist – wo kann man sonst auf über 2000 Meter Höhe am Strand liegen oder spielen? Interessante Gebilde sind auch die riesigen Felsklötze, die es hier gibt.

Für den Rückweg haben wir nun zwei Möglichkeiten. Schön ist es, auf der Westseite zurückzumarschieren. Dabei überquert man den Klostertaler Bach, der sich im Gegensatz zur Ill eine richtige kleine Schlucht gegraben hat. Dieser Weg ist etwa fünfzig Minuten lang und steigt auf rund 2100 m an.

Man kann aber auch mit dem Boot übersetzen. Man geht hierzu rund zehn Minuten auf der Ostseite bis zur Anlegestelle. Der Bootsverkehr findet etwa halbstündlich statt.

Den Silvrettasee kann man auf einem guten Weg umrunden.

Tour 28

Zum Steinernen Meer
Vom Formarinsee zum Felslabyrinth

Bushaltestelle	Freiburger Htt.	Steinernes Meer	Bushaltestelle	4 Std.
¾ Std.	2¼ Std.	1 Std.		↗ 580 Hm
↗ 80 Hm	↗ 500 Hm	↘ 230 Hm		↘ 580 Hm
	↘ 350 Hm			

Charakter: Der Weg zur Freiburger Hütte verläuft auf einem Schottersträßchen, dann geht es auf einem Pfad weiter. Im Steinernen Meer ist Vorsicht geboten, denn manche der Steine sind wackelig. Danach wandert man auf einem schönen Steig bergab.
Zeit: 4 Std.
Höhenunterschied: etwa 580 Hm
Ausgangspunkt: Bushaltestelle vor dem Formarinsee. Die Bushaltestelle der zum See fahrenden Busse befindet sich bei der Parkgarage Anger unterhalb der Kirche.
Anfahrt: von Süden her: auf der S 16 durchs Klostertal, nach Stuben nach Lech abbiegen. Von Norden her: ab Dornbirn auf der B 200 über den Hochtannbergpass, in Warth nach rechts Richtung Lech abbiegen. Wir parken in Lech in der Parkgarage Anger unterhalb der Kirche, sie ist im Sommer kostenlos zu benutzen.
Öffentliche Verkehrsmittel: mit den Linien 42, 91 oder 92 nach Lech-Postamt
Auskünfte: Lech Zürs Tourismus, Tel. 05583/2161
Einkehrmöglichkeiten: Freiburger Hütte, Formarinalpe, Zug, Lech
Sonstiges: Es gibt ein Faltblatt mit geologischen Erläuterungen und der Lage der Versteinerungen.

Ziel einer gemütlichen Rast: die Freiburger Hütte

Diese Wanderung bietet für Kinder zwei Höhepunkte. Zum einen der schön gelegene Formarinsee, zum anderen werden sie besonders begeistert vom Steinernen Meer sein, einem verwirrenden Kalkfelslabyrinth mit scharfkantigen Karren und steilwandigen, schachtartigen Dolinen. Es ist eine große Fläche aus Kalksteinen, die durch Oberflächenerosion in Karren aufgelöst sind. Sie bilden Tälchen und kleine Felsmassive und erwecken den Eindruck einer verfallenen Ruinenstadt und eines riesigen Naturlabyrinths. Man kann zwischen den Steinformationen herumgehen, besser gesagt balancieren. Man sollte nur aufpassen, dass man nicht abrutscht, denn dann ist die Haut schnell verschrammt oder der Fuß verknackst. Auch sind manche Steine wackelig. Aber ansonsten ist das Steinerne Meer ein harmloses Vergnügen, das Kindern viel Spaß machen wird.

Wegverlauf

Wir fahren mit dem Wanderbus von Lech aus zur letzten Bushaltestelle nach der Formarinalpe. Von hier aus wandern wir, der Zufahrtsstraße folgend, in rund einer Dreiviertelstunde auf einem Schotterweg zur 1918 m hoch gelegenen Freiburger Hütte. Gleich nach der Haltestelle sehen wir auch schon links unten den tiefgrünen See liegen.

Hinter der Alpenvereinshütte nehmen wir den Weg, der mit „Ravensburger Hütte, Steinernes Meer" markiert ist. Er ist ein gut zu gehender Steig, der sanft ansteigend in einigen Windungen aufwärts führt.

Nach knapp einer halben Stunde haben wir den ersten Anstieg geschafft und sehen vor uns den riesigen, mit Gras bewachsenen Formaletsch (2292 m) aufragen. Fünf Minuten später gabelt sich nach einem kleinen Tümpel der Weg. Links führt er hinauf zum Formaletsch, wir aber orientieren uns an den auf einen Stein gemalten Buchstaben „R.H." (Ravens-

Steinernes Meer

Im Steinernen Meer kann man gut die Besonderheiten des Kalkgesteins kennen lernen: Kalkgestein ist wasserlöslich. Durch das Regenwasser löst sich das Gestein auf, das Wasser versickert im immer poröser werdenden Gestein, frisst Gänge und immer größer werdende Hohlräume hinein und fließt unterirdisch ab. Dadurch entstehen unterirdische Höhlen. Irgendwann ist eine solche Höhle so groß, dass sich das darüber liegende Gestein nicht mehr halten kann und einbricht. Dann ist auf der Erdoberfläche ein trichterförmiges Loch entstanden – und dieses Loch nennt man Doline oder Erdfall. Der Begriff Karren kommt ebenfalls von diesem Naturphänomen: Auch die Gesteinsoberfläche wird durch das Regenwasser ausgewaschen und abgetragen. So bilden sich Furchen und Rinnen, in denen das Wasser abfließt: die so genannten Karren. Die dazwischenliegenden „Wände" können oft „messerscharf" sein.

*Durch das „Felslabyrinth"
des Steinernen Meeres*

burger Hütte) und wandern geradeaus und eben weiter. Etwa zwanzig Minuten später, nach einem Linksknick des Pfades, sehen wir das Steinerne Meer unter uns. Wer will, kann nach links hinabsteigen und sich dort vergnügen. Man findet auch herrliche Plätze für eine ausgedehnte Pause.

Der Weiterweg erfordert für die nächste halbe Stunde Aufmerksamkeit, denn man geht, besser gesagt, man turnt und balanciert, immer den Markierungen folgend, an der Südseite des Steinernen Meeres weiter. An der Verzweigung halten wir uns links in Richtung „Formarinalpe 1 Std.". Hier sind auch die Fundstellen der Versteinerungen.

Versteinerungen

In der Nähe des Steinernen Meeres fand man Megalodonten, die so genannten Kuhtrittmuscheln, die so heißen, weil ihre Überreste aussehen wie Hufabdrücke. Früher hat man deshalb auch gemeint, sie stammen vom Teufel. Außerdem fand man hier Reste von Muscheln, die von Jägern als Steinbockhorn bezeichnet wurden.

Nach rund fünf Minuten kommen wir zu einer Stelle, wo sich ein kleines versteinertes Korallenriff befindet. Hier kann man im Frühsommer vereinzelt die seltenen, kleinen und stark duftenden Steinröschen finden. Der Pfad führt nun immer sanft abwärts und bringt uns nach rund einer Dreiviertelstunde zur Formarinalpe. Fünf Minuten später erreichen wir die Bushaltestelle.

Der Weg verläuft hoch über dem Formarinsee.

Die Wette

So schön es um den Formarinsee im Sommer auch ist, während der kalten Jahreszeit soll es hier nicht so angenehm sein, und das nicht nur wegen den Temperaturen. Und zwar haben die Bütze – kleine, geheimnisvolle Männlein – zwischen Mitte September und Anfang Mai das Recht, in den Alphütten zu hausen. So sollte derjenige, der im Winter in einer der Hütten übernachten will, freundlich um Erlaubnis bitten, sonst könnte es ihm schlecht ergehen.

So wettete einmal ein Jäger mit einem Bauern um eine weiße Geiß, dass es ihm gelingen könnte, ohne böse Erfahrungen in einer Hütte die Nacht zu verbringen. Er nahm einen Hund, ein Gewehr und den ersten Anschnitt eines Agathabrotes mit. In der Alphütte Formarin kochte er sich ein Mus und rührte es im Namen der Dreifaltigkeit. Dabei ließ er sich auch nicht von einem feurigen Geißkopf abschrecken, der durch das Dach lugte. Er ließ ihn sogar vom Mus schlecken. Dann schoss er hinauf, worauf dort ein fürchterliches Gejammer erschallte. Am nächsten Tag verließ der Jäger die Hütte – er hatte die Wette gewonnen!

Gipslöcher und Walserweg
Mondlandschaft und Alpen

Tour 29

Bergstation Oberlech		Auenfeldsattel		Bürstegg		Bushaltestelle		3½ Std.
	1½ Std.		½ Std.		¾ Std.		¾ Std.	500 Hm
	↗ 300 Hm		↘ 100 Hm		↗ 130 Hm		↘ 270 Hm	600 Hm
	↘ 100 Hm		↗ 70 Hm		↘ 130 Hm			

Charakter: Wanderung mit vielen interessanten Stationen. Sie verläuft auf gut zu gehenden Steigen, nur im Bereich um die Gipslöcher und beim Abstieg von Bürstegg ist Vorsicht geboten. Vor allem bei feuchtem Wetter können die Wege hier rutschig sein. Gegebenenfalls geht man ab Bürstegg direkt zur Bodenalpe. Zurück fährt man mit dem Bus.
Zeit: Walserweg 3 Std., Gipslöcher zusätzlich ½ Std.
Höhenunterschied: etwa 500 Hm bergauf, etwa 600 Hm bergab
Ausgangspunkt: Bergstation der Bergbahn nach Oberlech.
Anfahrt: von Süden her: auf der S 16 durchs Klostertal, dann nach Stuben auf der B 198 nach Lech abbiegen. Von Norden her: ab Dornbirn auf der B 200 über den Hochtannbergpass, in Warth nach rechts Richtung Lech abbiegen. Wir parken in Lech in der Parkgarage Anger unterhalb der Kirche, sie ist im Sommer kostenlos zu benutzen. Die Talstation der Bahn befindet sich gegenüber.
Öffentliche Verkehrsmittel: mit den Linien 42, 91 oder 92 nach Lech-Postamt. Retour mit der Linie 42 oder dem Ortsbus 3 von der Haltestelle Lech-Bodenalpe.
Auskünfte: Lech Zürs Tourismus, Tel. 05583/2161
Einkehrmöglichkeiten: Lech, Auenfeldalpe, Bürstegg, Bodenalpe

Arlberg

Blick zum schroffen Karhorn

Das vor allem als Wintersportort bekannte Lech hat zwei Lehrwege eingerichtet, die beide auch für Kinder interessant – und im Prinzip einfach zu begehen – sind. Der Lehrweg durch das Naturschutzgebiet Gipslöcher nimmt etwa 1½ Stunden in Anspruch. Die einer Mondlandschaft gleichende Landschaft mit den vielen kleinen Hügeln, den teilweise tiefen Löchern und dem schmalen Pfad ist genau das, was Kindern gefällt!

Man kann die Gipslöcher aber auch gut in eine Wanderung auf dem Lehrpfad „Auf den Spuren der Walser" einbinden, der sich dadurch nur um rund eine halbe Stunde verlängert. Auf beiden Lehrwegen sind zahlreiche Schilder mit Erklärungen der Sehenswürdigkeiten und Besonderheiten angebracht.

Die Wanderung verläuft in einer herrlichen Bergkulisse, in der die Mohnenfluh, das Karhorn, der Widderstein und später der mächtige Biberkopf die beherrschenden Berggestalten sind.

Gipslöcher

Das gipshaltige Gestein, das Wasser aufnehmen kann, liegt einige Meter unterhalb der Oberfläche. Es kann bei Wasseraufnahme um die Hälfte seines Volumens aufquellen. Dabei wölbt es sich auf, dies ist auch der Grund für die typische, lebhaft bewegte Landschaft um die Gipslöcher. Die Gipslöcher sind über tausend Dolinen (oder Erdfälle), die entstanden, weil mit dem Niederschlagswasser auch der aufgelöste Gips unterirdisch abfloss. Bei einer durchschnittlichen Niederschlagsmenge von 2000 Millimeter pro Jahr werden mehr als drei Kilogramm Gestein aufgelöst und abgeführt. Wo der stärkste Wasserabfluss ist, entstanden Dolinen. Diese können sich überschneiden und mehrere im Laufe der Zeit sich zu einer einzigen vereinigen. Die größte Doline hat einen Durchmesser von fast hundert Metern und einen rund 35 Meter tiefen Krater.

Für Pflanzen ist der Untergrund ein extremer Lebensbereich, nicht nur wegen der ständigen Bewegung und Auflösung, sondern auch wegen der nahrungsfeindlichen Zusammensetzung der sauren Böden und der außergewöhnlichen klimatischen Verhältnisse: Die Gipslöcher sind stark besonnt, heiß und trocken. Auf dem stets feuchten Boden der Löcher dagegen herrschen kalte Temperaturen. Trotzdem wachsen hier rund 160 Pflanzenarten, darunter auch das Zarte Gipskraut, das seinen Lebensbereich bereits im Namen trägt, und von Juli bis etwa Mitte August kann man allein elf blühende Orchideenarten direkt am Wegrand finden. Im Bereich der Gipslöcher leben auch viele Murmeltiere, denn das weiche Gestein eignet sich hervorragend zum Höhlenbau.

Wegverlauf

Wir folgen hinter der Bergstation dem schmalen, aufwärts führenden Weg in Richtung „Gipslöcher, Schlössle". Bei den nächsten Hotels biegen wir nach links ab. Zehn Minuten später halten wir uns an einer Verzweigung vor Holzhütten und der ersten sichtbaren Felswand der Gipslöcher in Richtung „Schlegelkopf". Zwölf Minuten später zweigen wir auf einen schmalen Pfad nach rechts ab („Gipslöcher, Lehrpfad, Auenfeldsattel"). Nach wenigen Minuten halten wir uns links („Oberer Weg").

Nun sehen wir links und rechts verschiedene größere und kleinere Dolinen. Seitenwege führen zu ihnen hin. Achtung: Bei den Dolinen geht es teilweise steil bergab.

Zu den Gipslöchern führen schmale Pfade.

Wir kommen schließlich zu einem Tümpel, in dem sich auf dem Gipsgestein Wasser gesammelt hat. Hier wachsen seltene Pflanzen wie das Breitblättrige Wollgras und man findet Tiere wie den Alpenmolch, den Moorfrosch, Wasserläufer und Wasserkäfer. Schließlich erreichen wir einen breiten Güterweg. Hier endet der Lehrweg durch die Gipslöcher-Landschaft. Wir biegen nach rechts ab und kommen zur Grubenalpe. Rechts davon können wir einige Meter hinausgehen, hier sehen wir das wohl größte Gipsloch. Fünf Minuten später kommen wir zu einer Verzweigung. Wer nur den Gipslöcher-Lehrweg begehen wollte, folgt hier dem Güterweg zurück nach Oberlech, das man in rund zwanzig Minuten erreicht.

Wir wollen aber dem Walserweg folgen und biegen nach links ab. Gleich darauf zweigt un-

Walserweg

Der Walserweg erinnert an die Walser, die um 1300 aus dem Schweizer Wallis in das obere Lechtal einwanderten, das damals Tannberg genannt wurde. Wegen des rauen Klimas konnten sie hier nur Viehzucht und Milchwirtschaft betreiben. Landschaftsnamen wie das Große und das Kleine Walsertal erinnern noch an dieses Volk.

Bürstegg

In Bürstegg kann man einkehren, auf jeden Fall sollte man aber einen Blick in die kleine, dem hl. Martin geweihte Kirche werfen. Sie wurde 1695 erbaut und besitzt eine einfache Barockeinrichtung. Für eine derart kleine Ansiedlung ist sie außergewöhnlich groß gebaut. Der Name der Siedlung leitet sich vom Borstgras ab, das in den Sumpfgebieten um die Häuser wächst und im Volksmund „Burst" oder „Bürstl" genannt wurde. 1835 gab es in Bürstegg noch 13 bewohnte Häuser, 1898 war der Ort wegen seiner schwierigen Lage aber bereits entsiedelt. Heute wird hier nur noch Alpwirtschaft betrieben.

---

ser Lehrweg nach rechts ab. Es geht erst bergab zu einem Bacheinschnitt, dann hinauf zur Gaisbühelalpe, die wir nach zwanzig Minuten nach der Abzweigung erreichen. Sie ist als Museum eingerichtet. Man sieht die Küche, in der früher Käse gemacht wurde, und die Originalwerkzeuge an der Wand, die Wohn- und die Schlafstube. Erstaunlich und sicher interessant für die Kinder ist es, wenn man sieht, wie einfach die Leute früher gelebt haben.

Wir wandern anschließend in 20 Minuten hinab zum Auenfeldsattel. Hier müssen wir uns entscheiden. Wer einen Abstecher zur Auenfeldalpe machen will, hält sich hier links, hin und zurück brauchen wir je rund 15 Minuten. In der Auenfeldalpe kann man eine Schausennerei besuchen.

Rechter Hand des Auenfeldsattels steigt der Weg fünf Minuten an, dann geht es rund drei Minuten flacher weiter, danach fällt der Weg ab nach Bürstegg, das wir schon von weitem sehen. Vor dem Weiler kommen wir zu einer Verzweigung. Mit kleinen Kindern oder bei feuchtem Wetter biegen wir hier nach rechts ab und wandern auf dem Steig zur Bodenalpe oder auf dem Fahrweg zur Bundesstraße, denn dieser Weg ist leichter zu begehen. Ansonsten marschieren wir weiter zu der alten Walsersiedlung Bürstegg.

Danach folgen wir dem Weg weiter in Richtung Wanghus. Er fällt allerdings sehr steil ab, so dass wir bei Nässe vorsichtig sein sollten. Nach einer halben Stunde sind wir am Wanghus. Nun geht es noch eine Viertelstunde bergab, dann sind wir an der Straße und der Bushaltestelle bei der Bodenalpe, von der aus wir zurück nach Lech fahren.

Das wilde Männlein von Bürstegg

Früher lebte in Bürstegg ein wildes Männlein, das den Menschen half. Es kam im Frühjahr aus den Felswänden des Karhorns, hütete die Kühe, brachte ihnen die fettesten Gräser und sorgte dafür, dass sie abends alle wohlbehalten in den Stall zurückkehrten. Die Bürstegger waren ihm dankbar dafür und stellten ihm immer Brot, Käse und Butter auf einem Stein bereit, und am nächsten Tag war alles verschwunden. Einmal im Herbst wollten sie dem hilfreichen Männlein jedoch eine besondere Freude machen. Sie holten den Schneider und ließen dem Männlein neue Kleider und einen Kapuzenrock fertigen. Das legten sie dann alles auf den Stein. Als das Männlein kam, zog es die Kleider an, betrachtete sich von oben bis unten und sagte: „Hübscha Ma, weha Ma, nöma hüata cha." Es verschwand und ließ sich nie mehr blicken.

Die idyllisch gelegene Alpsiedlung Bürstegg

Über den Rüfikopf zum Monzabonsee
Murmeltiere, Kälbchen und Jausenfels

Tour 30

Bergstation	Rüfikopf	Monzabonalpe	Zürs	2½ Std.
5 Min.	1½ Std.	1 Std.		↘ 660 Hm
↗ 10 Hm	↘ 380 Hm	↘ 280 Hm		↗ 10 Hm

Charakter: Die Wanderung führt vorwiegend über gute Wege, ein Stück über Graswege.
Zeit: 2½ Std., dann Rückfahrt mit dem Bus
Höhenunterschied: insgesamt im kupierten Gelände etwa 120 Hm bergauf, etwa 660 Hm bergab
Ausgangspunkt: Lech, Bergstation der Rüfikopfbahn
Anfahrt: von Süden her: auf der S 16 durchs Klostertal, dann nach Stuben auf der B 198 nach Lech abbiegen. Von Norden her: ab Dornbirn auf der B 200 über den Hochtannbergpass, in Warth nach rechts Richtung Lech abbiegen. Parken können wir in der Parkgarage Anger unterhalb der Kirche, sie ist im Sommer kostenlos zu benutzen.
Öffentliche Verkehrsmittel: mit den Linien 42, 91 oder 92 nach Lech-Postamt
Auskünfte: Lech-Zürs Tourismus, Tel. 05583/2161
Einkehrmöglichkeiten: Bergstation, Monzabonalpe, Trittalpe, Lech

Arlberg

Der Monzabonsee ist ein kleines Bergseelein in einer Senke zwischen dem Rüfikopf und der Rüfispitze. Besonders idyllisch ist es, wenn Kühe und Kälbchen an seinem Ufer grasen. Dann muss gestreichelt werden! Nach der Monzabonalpe wandern wir unterhalb des Massivs der Rüfispitze entlang und kommen an kleinen, alten Heuhütten vorbei. Danach sehen wir noch den Wasserfall, den der Pazüelbach bildet. Unterwegs hört man immer wieder die Murmeltiere pfeifen.

Wegverlauf

Von der Bergstation aus gehen wir zuerst hinauf auf die Aussichtsterrasse hinter der Station, dann etwas nach Osten und in fünf Minuten hinauf auf den Rüfikopf (2362 m). So haben wir bei dieser Tour sogar einen Gipfel bestiegen! Beide bieten uns eine herrliche Aussicht. Wenn wir vom Rüfikopf herabkommen, biegen wir auf den breiten Fahrweg nach links ein. Er bringt uns in rund einer Viertelstunde hinab zum Monza-

Wenn man sie nicht erschreckt, lassen sich die Kälbchen gerne streicheln.

bonsee. Interessant ist auch die große Fläche rechts des Weges mit den Kalkfelsen, die wie ein kleiner Gletscher aussieht. Am See folgen wir dem breiten Weg Nr. 44, der nach rechts leicht bergab führt. Nach zehn Minuten biegen wir im rechten Winkel nach rechts ab und steigen auf einem Wiesenweg in zehn Minuten hinab zu einem großen Felsklotz. Links des Weges verläuft ein kleines Tobel, außerdem hören wir immer wieder die Murmeltiere pfeifen, an deren Löchern wir vorbeikommen. Der Felsklotz ist wohl vor langer Zeit von der Rüfispitze herabgekullert und bietet sich zum Besteigen und Jausnen an.

Nun zieht der Pfad nach links und ist auch nicht mehr so steil. Entlang des Baches wandern wir zur Monzabonalpe. Hier müssen wir uns entscheiden. Man könnte zwischen den Gebäuden nach rechts hindurchgehen, steil hinab zur Straße absteigen und auf ihrer linken Seite zurück nach Lech wandern. Hierzu muss man etwa 1¾ Stunden kalkulieren.

Schöner ist es allerdings, wenn wir nach Zürs weiterwandern, bis dorthin brauchen wir etwa 1 Stunde. Wir spazieren an der Alpe geradeaus weiter, nun auf einem Fahrweg. Links des Weges sehen wir das Massiv der Rüfispitze, die weiß leuchtend aus grünen Alpmatten emporragt. Mit herrlicher Aussicht auf Zürs und die umliegende Bergwelt und vorbei an einigen alten Heuhütten kommen wir hinab ins Pazüeltal. Hier stürzt der Pazüelbach mit einem schönen Wasserfall von links herab. Danach geht es fünf Minuten aufwärts, dann müssen wir uns an einer Verzweigung entscheiden, ob wir noch fünf Minuten hinauf zur Trittalpe gehen und einkehren wollen. Ansonsten biegen wir nach rechts ab und wandern in rund zwanzig Minuten hinab nach Zürs. Auch wer auf der Trittalpe eingekehrt ist, wandert auf diesem Weg hinab.

An der Kirche haben wir noch einmal die Möglichkeit, nach rechts abzubiegen und in 1½ Stunden nach Lech zurückzuwandern. Der Weg führt erst rechts, dann links der Straße. Vermutlich werden die Kinder jedoch die Fahrt mit dem Bus vorziehen. Wir gehen hierzu vor bis zur Bundesstraße, hier liegt die Bushaltestelle „Zürs-Postamt".

Ortsregister

Alt-Ems, Ruine	27, 29
Ardetzenberg	30
Bartholomäberg	76, 77, 79
Bezau	42, 45, 47
Bielerhöhe	94
Blauer See	48, 49
Blumenegg, Ruine	61-63
Bodensee	17-19, 22
Brand	67
Bregenz	14, 16
Buchboden	72
Bürs	64, 66
Damüls	48, 52, 56
Diedamskopf	43, 55, 56
Dornbirn	21, 24
Elsenkopf	53
Faulensee	76, 77, 79
Feldkirch	30
Formarinsee	96, 97, 100
Fritzensee	76, 78
Gafierjoch	90-93
Gaißau	18, 19
Gandasee	90-93
Gargellen	90
Gebhardsberg, Ruine	14, 15
Glopper, Schloss	28
Göfis	33, 35
Gortipohl	87, 88
Gütle	24, 26
Hittisau	39
Hochtannbergpass	58, 59
Hohenems	27, 28
Kalbelesee	58-60
Karren	21
Körbersee	58-60
Latschau	84
Lech	96, 97, 101, 102, 107-109
Lecknersee	39-41
Lingenau	36, 37
Marul	70
Möggers	11
Montiolaseen	61, 62
Monzabonsee	107, 108
Niedere	42, 43
Pfänder	14, 17
Portlahorn	49
Rüfikopf	107
Schafbergsee	90-92
Schattenburg	32
Schoppernau	55, 57
Schröcken	58-60
Schwarzer See	33, 34
Sigburg, Ruine	33, 35
Silbertal	80
Silvretta-Stausee	94, 95
Staufensee	24, 25
St. Gallenkirch	87-89
Sünser See	48-50
Sünser Spitze	49
Thüringen	61, 63
Torasee	78, 79
Tschagguns	84
Zürs	108, 109

Erlebnis-Wandern!

Helmut Tiefenthaler
Wege in die Vergangenheit in Vorarlberg
Wanderungen und Spaziergänge

*154 Seiten; 82 farb. u. 14 sw. Abb.;
31 farb. und 5 sw. Kartenausschnitte; Klappenbroschur
ISBN 3-7022-2645-1*

Von Steinzeitjägern, Schollenstechern, Bergknappen oder Älplern – der Kulturwanderführer erzählt.

Dieter Buck
Vorarlberg
Stille Seen und wilde Wasser
Wasserfälle, Schluchten,
Bergseen

*96 Seiten; 57 farb. Abbildungen;
32 farb. Kartenausschnitte;
Broschur
ISBN 3-7022-2648-6*

28 abwechslungsreiche Wanderungen zu Seen, Wasserfällen und durch Klammen im Ländle.

TYROLIA www.tyrolia.at

Alle Angaben in diesem Führer wurden sorgfältig recherchiert und erfolgen nach bestem Wissen des Autors. Sollten Sie trotzdem Unstimmigkeiten entdecken, nehmen Autor und Verlag gerne Verbesserungsvorschläge und Korrekturhinweise entgegen (buchverlag@tyrolia.at).
Die Benutzung dieses Führers geschieht auf eigenes Risiko.
Eine Haftung für etwaige Unfälle und Schäden wird aus keinem Rechtsgrund übernommen.

Bibliografische Information Der Deutschen Bibliothek
Die Deutsche Bibliothek verzeichnet diese Publikation in der Deutschen Nationalbibliografie; detaillierte bibliografische Daten sind im Internet über <http://dnb.ddb.de> abrufbar.

2006
© Verlagsanstalt Tyrolia, Innsbruck
Umschlaggestaltung und Layout: Tyrolia-Verlag, Innsbruck
Titelbild: Archiv Montafon Tourismus, www.montafon.at
Bildnachweis: S. 9: Au-Schoppernau Tourismus, S. 16 und 17: Bregenz Tourismus & Stadtmarketing, S. 26: Rolls-Royce Museum Franz Vonier GmbH 2000, S. 43: Bergbahnen Diedamskopf/Foto Walser, S. 54: Damüls Tourismus (Fotografie: www.felder-images.com), S. 58: Bergbahnen Diedamskopf, S. 58: Tourismusbüro Warth (Rast am Körbersee, Warth-Schröcken)/Fotograf: Peter Mathis; alle übrigen Fotos stammen von Dieter Buck.
Karten: Kartenausschnitte im Maßstab 1:50.000 sowie die Übersichtskarte im Maßstab 1:500.000 © BEV-2006, vervielfältigt mit Genehmigung des BEV – **B**undesamtes für **E**ich- und **V**ermessungswesen in Wien, Zl. EB 2006/00449
Routeneintragungen: Rolle-Kartografie, D-Holzkirchen, nach Vorlagen des Autors
Lithografie: Athesia-Laserpoint, Innsbruck
Druck und Bindung: Finidr s. r. o., Český Těšín, Czech Republic
ISBN-10: 3-7022-2732-6
ISBN-13: 978-3-7022-2732-6
E-Mail: buchverlag@tyrolia.at
www.tyrolia.at